本书由
中央高校建设世界一流大学（学科）
和特色发展引导专项资金
资助

中南财经政法大学"双一流"建设文库

中|国|经|济|发|展|系|列|

上市公司超募融资与投资效率研究

张志宏 著

中国财经出版传媒集团

经济科学出版社

Economic Science Press

图书在版编目（CIP）数据

上市公司超募融资与投资效率研究/张志宏著．
—北京：经济科学出版社，2019.12
（中南财经政法大学"双一流"建设文库）
ISBN 978 - 7 - 5218 - 1168 - 1

Ⅰ.①上…　Ⅱ.①张…　Ⅲ.①上市公司 - 企业
融资 - 研究 - 中国②上市公司 - 投资效率 - 研究 -
中国　Ⅳ.①F279.246

中国版本图书馆 CIP 数据核字（2019）第 291241 号

责任编辑：孙丽丽　纪小小
责任校对：王肖楠
版式设计：陈宇琰
责任印制：李　鹏

上市公司超募融资与投资效率研究

张志宏　著

经济科学出版社出版、发行　新华书店经销
社址：北京市海淀区阜成路甲 28 号　邮编：100142
总编部电话：010 - 88191217　发行部电话：010 - 88191522
网址：www. esp. com. cn
电子邮箱：esp@ esp. com. cn
天猫网店：经济科学出版社旗舰店
网址：http://jjkxcbs. tmall. com
北京季蜂印刷有限公司印装
787×1092　16 开　11 印张　180000 字
2019 年 12 月第 1 版　2019 年 12 月第 1 次印刷
ISBN 978 - 7 - 5218 - 1168 - 1　定价：46.00 元
（图书出现印装问题，本社负责调换。电话：010 - 88191510）
（版权所有　侵权必究　打击盗版　举报热线：010 - 88191661
QQ：2242791300　营销中心电话：010 - 88191537
电子邮箱：dbts@esp. com. cn）

总　序

　　"中南财经政法大学'双一流'建设文库"是中南财经政法大学组织出版的系列学术丛书，是学校"双一流"建设的特色项目和重要学术成果的展现。

　　中南财经政法大学源起于1948年以邓小平为第一书记的中共中央中原局在挺进中原、解放全中国的革命烽烟中创建的中原大学。1953年，以中原大学财经学院、政法学院为基础，荟萃中南地区多所高等院校的财经、政法系科与学术精英，成立中南财经学院和中南政法学院。之后学校历经湖北大学、湖北财经专科学校、湖北财经学院、复建中南政法学院、中南财经大学的发展时期。2000年5月26日，同根同源的中南财经大学与中南政法学院合并组建"中南财经政法大学"，成为一所财经、政法"强强联合"的人文社科类高校。2005年，学校入选国家"211工程"重点建设高校；2011年，学校入选国家"985工程优势学科创新平台"项目重点建设高校；2017年，学校入选世界一流大学和一流学科（简称"双一流"）建设高校。70年来，中南财经政法大学与新中国同呼吸、共命运，奋勇投身于中华民族从自强独立走向民主富强的复兴征程，参与缔造了新中国高等财经、政法教育从创立到繁荣的学科历史。

　　"板凳要坐十年冷，文章不写一句空"，作为一所传承红色基因的人文社科大学，中南财经政法大学将范文澜和潘梓年等前贤们坚守的马克思主义革命学风和严谨务实的学术品格内化为学术文化基因。学校继承优良学术传统，深入推进师德师风建设，改革完善人才引育机制，营造风清气正的学术氛围，为人才辈出提供良好的学术环境。入选"双一流"建设高校，是党和国家对学校70年办学历史、办学成就和办学特色的充分认可。"中南大"人不忘初心，牢记使命，以立德树人为根本，以"中国特色、世界一流"为核心，坚持内涵发展，"双一流"建设取得显著进步：学科体系不断健全，人才体系初步成型，师资队伍不断壮大，研究水平和创新能力不断提高，现代大学治理体系不断完善，国际交流合作优化升级，综合实力和核心竞争力显著提升，为在 2048 年建校百年时，实现主干学科跻身世界一流学科行列的发展愿景打下了坚实根基。

"当代中国正经历着我国历史上最为广泛而深刻的社会变革，也正在进行着人类历史上最为宏大而独特的实践创新"，"这是一个需要理论而且一定能够产生理论的时代，这是一个需要思想而且一定能够产生思想的时代"[①]。坚持和发展中国特色社会主义，统筹推进"五位一体"总体布局和协调推进"四个全面"战略布局，实现"两个一百年"奋斗目标、实现中华民族伟大复兴的中国梦，需要构建中国特色哲学社会科学体系。市场经济就是法治经济，法学和经济学是哲学社会科学的重要支撑学科，是新时代构建中国特色哲学社会科学体系的着力点、着重点。法学与经济学交叉融合成为哲学社会科学创新发展的重要动力，也为塑造中国学术自主性提供了重大机遇。学校坚持财经政法融通的办学定位和学科学术发展战略，"双一流"建设以来，以"法与经济学科群"为引领，以构建中国特色法学和经济学学科、学术、话语体系为己任，立足新时代中国特色社会主义伟大实践，发掘中国传统经济思想、法律文化智慧，提炼中国经济发展与法治实践经验，推动马克思主义法学和经济学中国化、现代化、国际化，产出了一批高质量的研究成果，"中南财经政法大学'双一流'建设文库"即为其中部分学术成果的展现。

文库首批遴选、出版二百余册专著，以区域发展、长江经济带、"一带一路"、创新治理、中国经济发展、贸易冲突、全球治理、数字经济、文化传承、生态文明等十个主题系列呈现，通过问题导向、概念共享，探寻中华文明生生不息的内在复杂性与合理性，阐释新时代中国经济、法治成就与自信，展望人类命运共同体构建过程中所呈现的新生态体系，为解决全球经济、法治问题提供创新性思路和方案，进一步促进财经政法融合发展、范式更新。本文库的著者有德高望重的学科开拓者、奠基人，有风华正茂的学术带头人和领军人物，亦有崭露头角的青年一代，老中青学者秉持家国情怀，述学立论、建言献策，彰显"中南大"经世济民的学术底蕴和薪火相传的人才体系。放眼未来、走向世界，我们以习近平新时代中国特色社会主义思想为指导，砥砺前行，凝心聚

[①] 习近平：《在哲学社会科学工作座谈会上的讲话》，2016 年 5 月 17 日。

力推进"双一流"加快建设、特色建设、高质量建设，开创"中南学派"，以中国理论、中国实践引领法学和经济学研究的国际前沿，为世界经济发展、法治建设做出卓越贡献。为此，我们将积极回应社会发展出现的新问题、新趋势，不断推出新的主题系列，以增强文库的开放性和丰富性。

"中南财经政法大学'双一流'建设文库"的出版工作是一个系统工程，它的推进得到相关学院和出版单位的鼎力支持，学者们精益求精、数易其稿，付出极大辛劳。在此，我们向所有作者以及参与编纂工作的同志们致以诚挚的谢意！

因时间所囿，不妥之处还恳请广大读者和同行包涵、指正！

中南财经政法大学校长

前　言

　　2009 年创业板的开板带来了上市公司首次公开发行（IPO）"三高"现象，引发了学者、投资者和市场监管部门的忧虑与讨论，甚至 2012 年全国金融工作会议公告也明确表达了对证券发行定价的关注。IPO 超募问题曾在世界各国资本市场都不同程度地出现过，但 2009~2012 年，在中国股权融资冠居全球的同时，IPO 超募也达到了前所未有的高度，中小板和创业板上市公司超募率平均分别达到 124% 和 171%。中小上市公司 IPO 巨额超募融资，与非上市中、小、微企业普遍存在的"融资难、融资贵"现象形成了强烈反差，严重损害了资本市场资源配置的效率和融资的公平性。2014 年我国股票市场 IPO 重启时，中国证券监督管理委员会（以下简称"证监会"）对 IPO 定价实行了"窗口指导"，即发行市盈率不得超过 23 倍，该举措无疑有效制约了公司 IPO 的股价和超募现象，但中国资本市场的政策推动特点是显著的，随着资本市场科创板的推出，科创板上市公司 IPO 定价又出现一些新的特征，IPO 超募现象进入了投资者的视野，研究上市公司超募问题仍有很强的现实意义和研究价值。

　　本书拟采用规范研究和实证分析相结合的研究方式，探讨 IPO 超募融资所形成的"自由现金流"及资金投放的投资效率问题，研究特点体现在以下几个方面：第一，IPO 股权超募融资是特定市场环境下多因素综合作用的产物，政策监管层面和市场定价机制是主因，应强化对融资方的市场监管，提升市场融资的公平性和有效性，加快推进资本市场 IPO 定价机制的改革步伐。第二，根据"适度融资"原则，公司融资的额度应取决于投资机会的需求，投融资活动的脱节将可能导致投资不足或投资过度。股权超募产生的"准自由"现金流容易诱导公司管理层的自信心理，盲目采取过度投资行为，增加公司的投资风险，带来公司低下的投资效率。第三，我国中小企业的公司存在家族治理特征，大股东与外部中小股东的利益冲突显著，IPO 超募的"自由现金流"可能诱发关联

— 1 —

交易和高管的道德风险，造成 IPO 超募资金的非效率投资结果。第四，基于行为财务的视角研究公司迎合性投资行为，集大股东与高管于一身的决策者，在股东财富自动化导向下，会迎合市场投资者情绪进行 IPO 超募资金的投资决策，投资者情绪的波动带来投资效率的变化，因此，优化公司治理机制方能抑制公司超募资金非效率投资。

从研究过程和结果来看，IPO 定价机制无疑是制约超募的关键因素，特定资本市场寻求对症的 IPO 定价机制，这本身就是个古老而又敏感的话题。如何分析股权超募融资对投资效率的影响，本书分别从大股东控制、管理层行为等角度进行研究模型的构建及变量的选取，有独特的研究特色。本书研究特色体现在以下两个方面：其一，IPO 股权超募融资形成公司无成本和无风险的"自由现金流"，财务融资成本和风险的决策压力变得模糊不清，本书从大股东和高管的自利行为，以及市场投资者情绪等方面研究超募资金投资效率，有其一定的现实基础和理论研究价值，这既是对投资效率理论研究的拓展，也以新的视角研究我国企业投资中的问题，丰富了现有研究文献。其二，基于行为公司财务理论的视角，本书对非有效市场、投资者市场情绪、公司管理层心理特征与非效率投资之间的关系进行了理论分析和实证研究；特别是从参与主体的心理活动分析对企业行为影响的角度，分析投资者情绪波动对高管决策心理的影响，这是分析超募资金投资效率的有效方法。

目 录

第一章
绪　论

第一节 研究背景

中小企业作为经济实体的重要组成部分，在我国社会和经济发展中都占据着越来越重要的地位，据统计，截至2018年底，我国民营经济出现的"6、7、8、9"现象①，就是一个很好的例证。尽管中小企业在社会经济生活中的作用越来越显现，但不可否认的是，中小民营企业却普遍存在着"融资难、融资贵"的现象，该现状形成的原因是多方面的，我国资本市场处于不断完善与成熟之中，资本配置的效率低，无疑是其中一个很重要的原因，不仅影响了中小企业的外部资金补充机制，还延缓了中小企业市场化程度的推进。

随着我国经济体制改革的不断深化，资本市场无论是规模还是结构均得以不断发展和改善，在整个国民经济中占据重要地位的中小企业的融资问题也逐渐得到重视，相关的政策促进了中小企业不断发展，吸引着越来越多的社会资金的支持。但是，由于中小企业的生产规模有限，资本实力难以与大企业相比，企业也缺乏必要的治理架构，会计信息的透明度不清晰，破产风险较大，无疑制约了中小企业的市场化融资能力。为了缓解中小企业外部融资瓶颈难题，我国进行了一系列金融政策和金融体系改革，其中一项主要举措，就是于2004年5月和2009年10月分别在深圳证券交易所设立了中小板和创业板，为中小企业提供了外部股权融资通道，解决了中小企业核心股权资本的融资难题，拓展了中小企业的发展空间，同时，中小板和创业板的设立完善了我国资本市场结构，也对改善中小企业的公司治理结构起到了倒逼作用。

作为企业外部融资的一种重要方式，发行股票筹措权益资金在我国得到了较为广泛的应用。自中小板和创业板设立以来，相继有超过1 600家企业寻求通过IPO为企业的发展募集所需资金，但是，我国资本市场目前的发行制度尚不够完善，投资者缺乏必要的知识结构和风险意识，普遍存在过度投机心理，股

---

① 国家发展和改革委员会主任何立峰在十三届全国人大二次会议首场记者会披露的信息，即民营企业贡献了中国60%的GDP、70%的技术成果、80%的就业、90%的企业数量。

票交易也明显存在"羊群效应"问题，特别是在 IPO 核准制下，资本市场显著存在股票供需的不平衡问题，中小板和创业板自设立以来就一直被高市盈率、高发行价、高超募率①三大现象所困扰，尤其是创业板设立以来"三高"现象更为显著，公司 IPO"三高"问题在资本市场上的普遍存在，引发了投资者的广泛关注并导致较大的市场争议，中小上市企业巨额超募融资加剧了企业对上市资源的争夺，也削弱了资本市场在资源配置功能方面的发挥。

形成我国资本市场"三高"现象的原因是多方面的，最直接的动因还在于上市公司对"融资最大化"的过度追求；此外，股东对"财富最大化"的追逐也推升了 IPO 定价；而券商等中介机构也会因利益关联，而对 IPO 的高定价采取听之任之的态度。当然，我国弱势有效的资本市场中的非理性投资无疑加剧了"三高"的趋势。同时，还应关注的是，我国资本市场监管机构对公司 IPO 定价的监管在不断地调整之中，历史上看，从相对固定的市盈率到严格的市盈率管制，再到目前的询价机制，IPO 定价也在演绎着"一放就失控""一收就死"的恶性循环。考虑到我国目前资本市场配置资源的效率性，在我国目前公司 IPO 发行制度下，采取所谓的完全市场化询价机制，是无法解决业已存在的 IPO"三高"问题的，应在强化市场监管、完善法律制度等方面做好基础性工作强化监管，对发行主体、券商等进行必要的责任界定是必要的，同时应对发行定价进行必要的窗口指导。

相比较于大企业而言，中小板和创业板的上市公司，其资产和销售规模通常较小，且多处于企业的成长期，公司治理结构和决策机制尚处于完善之中，企业在市场中的竞争力相对较弱，经营风险相对较大，企业的再融资能力也非常有限。基于此，公司期待通过 IPO 能融入巨额资金，企业能快速成长。但需要指出的是，IPO 所形成的超募资金属于自由现金流，企业经过必要的内部程序，就可以进行投资实现规模扩张，其结果可能导致两种后果：一是公司管理层过度自信而盲目投资造成企业的过度投资；二是控股股东或实际控制人通过关联交易决策超募资金的投资，进行"掏空"上市公司的运作。

企业融资方式的选择对投资决策及投资效率的影响是存在差异的。对特定

---

① 对于首次公开发行股票（IPO）的上市公司，在国内股票发行制度中规定，公司既要有实际项目，又要依据现实能力来确定和其项目所需资金相当的募集资金量，且需要将各个具体项目及资金需求披露在《首次公开发行股票招股说明书》中。实际募集到的金额超过该说明书中的计划金额部分，被称为"超募资金"。

投资项目来说，如所需资金是负债融资形成的，则管理者会更为谨慎地进行项目的决策；如若资金来自股权融资，则对项目的判断会相对乐观；而超募资金属于企业的自由现金流，管理者更会容易产生过度自信。在我国特定的市场环境中，企业管理层基于自身业绩、声誉和大股东的压力等方面的考虑，投资决策往往更容易受到短期因素的影响，上市公司的投资决策也呈现显著的短期化倾向，忽视了服务企业长远发展战略的投资布局，导致企业投资短期有效而长期非效率投资的现象。企业非效率投资表现为投资过度与投资不足两个方面，但在超募融资大环境下，企业投资效率主要表现为投资过度问题；有的企业或因巨额超募资金而实施多元化战略，也可能会导致现有业务的投资不足，制约现有业务的进一步发展。

资本市场如何提升资本配置效率？实现市场公平，为实体经济服务，一直是我国金融改革和金融创新的前沿性课题。如何评价超募融资及其经济后果是本书致力研究的主题，我们认为，在市场资本稀缺的大环境下，监管层应进行有效的制度设计控制上市公司 IPO 超募融资现象的发生，让资本市场的阳光照射到更多的中小企业。

第二节　国内外研究现状

公司之所以形成股权超募现象，其最主要的影响因素在于 IPO 发行制度及资本市场运行效率，超募资金形成的最直接原因就在于股票的市场定价，可见，股权超募并非中国资本市场的专利，即便是发达国家也存在过，美国通过引入存量股票发行制度①来解决 IPO 超募问题。我国 A 股市场由于股票的供求关系失衡，以及弱势资本市场的固有效率，存在显著的超募现象，特别是在中小板和

---

① 股票市场存在的存量发行（secondary offerings）的情形可分为两类：一是在公司 IPO 时的存量发行，是指公开对市场卖掉部分老股东的股份；二是上市后的公司存量发行，其老股东通过某种方法将自己的部分甚至全部股份抛出。尤其在海外，存量发行被作为新股发行时经常运用的方法，在海外的中资公司也会用到。增量发行募集到的资金由上市公司所有；新股的发行会影响公司净资产等指标的改变。存量发行募集的资金不属于上市公司，而是径直归于老股东所有，且在此过程中不会影响企业净资产等。

创业板，超募现象一度非常严重。基于此，加之国外上市公司资金超募问题的相关研究文献较少，本书研究将主要以国内文献为主。

我国股票市场的中小板和创业板主要面向中小企业和高科技的新兴行业，与其他资本市场存在较大差异，特别是在融资特点和制度安排上，与境外资本市场存在显著差异，但由于我国中小板市场和创业板市场设立时间不长，对它们的相关研究还不够全面、丰富和深入，因而对中小板和创业板市场上超募资金等相关问题的研究更是寥寥无几。综上所述，当前国内外学术界主要从以下三个方面对超募资金进行相关研究：一是对超募资金形成的原因和影响进行分析；二是考察超募资金的使用情况；三是分析超募融资与投融资效率的关系。

一、股权超募融资的成因和经济后果

上市公司超募资金的形成和使用，与外部和广大投资者的经济利益有着密不可分的关系，如果上市公司处理不善，就极容易导致其投资者的利益受损，因此，资本市场的超募现象在其产生之初就引起了国内外专家学者的关注。虽然说上市公司要对外公布其招股说明书，披露其根据预计募集资金额制订的募集资金使用计划，但是，由于内外部人员掌握信息的差异即信息不对称问题的存在，外部的市场参与者掌握的相关信息相对于内部人员来说相对较少，甚至无法获得重要的敏感信息，因此，市场参与者知悉公司投资计划和公司资金需求量方面的信息具有一定难度，更无法深入地考察超募资金的具体使用情况，相关研究受制于此往往采用间接的方法，这在很大程度上导致分析超募的文献一直较少。

迈克尔·詹森（Michael C. Jensen，2004）以美国多家上市公司为样本，进行相关案例研究后发现，由于资本市场上代理问题的普遍存在，上市公司的股票价格很容易被高估。他认为，在上市公司所募集资金比较多的情况下，投资者对企业未来的收益能力有着较好的预期，会出现公司股价高估的现象，因此，投资者应当认真地重新审视上市公司的资金募集和使用情况，以能够约束上市公司管理者的投资决策等相关行为，进而保护自身经济利益。

蒋欣和李全（2010）对在我国创业板上市的公司的股价进行了研究，结果发现，"三高"现象即非理性的高股价、高市盈率和高市净率普遍存在于我国创业板的上市公司中，巨额的超募资金自然使得资本市场上的投资者广泛担心其投入资金的使用效率。他们认为，在考虑股票供应量增加和存量发行模式不同的前提下，有弹性的"窗口指导"模式能够抑制创业板上市公司广泛存在的资金超募问题。冯晓和崔毅（2010）研究发现，管理层的盲目投资和较低的资金使用效率，与创业板上市公司"三高"现象导致的超募问题有很强的关联关系。王峰娟、张运来和徐皎（2010）考虑了多种创业板上市公司超募资金的原因，分别从股票的发行、市场和制度这三个不同的层面分析了超募问题可能带来的经济后果，最后从改革新股发行制度、改革我国企业的资本金制度、加强对保荐机构的监管以及严格监管超募资金的使用这四个不同的方面提出了治理"超募"的相应对策。王永刚（2010）在前人的基础之上，从创业板上市公司超募资金形成的原因和监管切入，对创业板上市公司超募资金的现象研究发现，由于我国的审核制度和发行询价制度不完善，大多数上市公司都有超募资金的行为，所以纠正我国上市公司超募"圈钱"的错误行为势在必行，文章从事前监督、积极引导上市公司制订科学合理的募集资金使用计划、实行融资管理制度等多个不同的角度出发，提出了一系列提高超募资金利用效率的建议。

贾海波（2010）以创业板上市披露了超募资金流向的 44 家公司为研究样本，对截至 2010 年 5 月的数据分析发现，上市公司超募资金量大，超募资金流向各不相同。随后，文章进一步对上市的创业板超募资金形成的可能原因和经济后果进行了深入分析并提出了相应建议。彭洋（2011）创造性的以机构投资者参与公司治理为视角，研究了如何完善创业板上市公司的公司治理，发现积极行使投票表决权、发起股东决议等举措能够在一定程度上改善创业板上市公司超募资金的使用情况。龙丽娜和鲁兴启（2012）发现，市场机制的不健全、发行人利益至上、保荐机构管理不到位和投资者的盲目跟风这四个方面在很大程度上决定了创业板上市公司超募资金的形成，而加大资本市场监管力度和完善股票的发行定价机制能够有效地解决创业板上市公司资金超募的问题。陈见丽（2012）发现，声誉较好的承销商能够提高上市公司的融资能力，帮助公司募集更多的资金，从而使上市公司的超募现象更为严重。李晓艳（2012）区别不同利益相关者，对创业板上市公司最初登陆交易所到最终退市的整个过程进行研究发现，上市公司募集的多余资金往往没有很好地利用，不仅浪费了有限的社会资源，不利于资本市场的稳定健康发展，还会在一定程度上增加公司的财务风险，对广大投资者尤其是中小投资者不利。张高辉（2012）以委托代理理论为基础，通过对我国创业板当中每年前十大超募公司的超募资金流向及其所占比例进行相关研究发现，创业板上市公司主要的超募资金流向有六种，这些超募资金流向很好地反映了创业板上市公司中普遍存在的管理人员与股东之间，以及控股股东与中小股东之间的利益冲突问题。刘惠萍（2013）以2009年10月新股IPO正式启动以来上市公司公开披露的数据为研究对象，同样得出了上市公司存在大量的资金超募现象，资金配置效率低下的相似结论。

二、超募资金使用情况

部分学者也对上市公司超募资金的使用情况进行了初步的探索，在此方面，与资本市场的建立与发展过程一致，国外学者很早便开始了相关方面的研究，现有的国外主流文献主要从过度或不足投资以及自由现金流等角度对上市公司募集资金使用状况进行探索。例如第一次提出"自由现金流"概念的迈克尔·詹森（1986），他通过研究发现企业较多的自由现金流往往带来的是负面影响，较多的现金流会加剧管理层与投资者之间的利益冲突，并不会使投资者能够获得的收益增加。具体地，管理层基于自利的考虑，会尽量地最大化自身利益，因此管理层更加愿意将企业闲置的大量资金投入到能直接给自己带来实际收益的项目中，而不愿意将这些资金及其带来的收益分配给企业的股东，如管理者可能盲目地扩大企业规模以建立自己的商业帝国，甚至会出现为了自身利益而将多余资金投入收益低的项目当中，损害其他相关人的利益的情况。郎·沃松等（Lang Walkong et al.，1991）通过估算美国上市公司并购的自由现金流变量并进行实证研究发现，公司所面临的投资机会与其持有的自由现金流之间呈显著的负相关关系，即企业的投资机会会增加具有并购意向投资者所拥有的自由现金流，而由此展开的并购行为更多的是机会主义行为，会对公司价值造成一定的损害；同样地，超募资金的存在，在给企业带来大量自由现金流的同时也会增加盲目并购行为。马门迪耶和阿兰·塔特（Malmendier and Alan Tate，2002）的研究发现，管理层更倾向于过度投资。霍瓦基米亚和蒂特曼

（Hovakimian and Titman，2003）通过更进一步的实证研究印证了上面的结论。迈克尔·詹森（2004）则发现超募资金会带来多重后果，企业不仅需要采取相应的措施将股票限制在适当的价格范围之内，投资者也需要加大对企业管理者的监督。拉蒙（Lamont，1997）和高斯（Ghose，2005）将美国石油公司作为样本，发现企业管理层能够直接控制的现金数额在一定程度上影响了企业的过度投资水平。理查森（Richardson，2006）也同意过度投资受自由现金流影响的假说，他认为二者呈正相关关系。潘托利斯和金姆（Pantzalis and Kim，2008）对企业向外融资与决策投资，从分析师覆盖率为切入点进行了实证研究，发现较多的超募资金会增加分析师覆盖率较大企业过度投资的程度，而这种相关关系在当公司存在大量多余的现金流时尤为明显。金姆和魏斯巴赫（Weisbach，2008）扩大了研究样本的范围，对跨国上市公司所募集资金的运用情况进行研究，了解到这些企业经常会闲置一部分资金，这种现象十分常见。杜卡斯（Doukas）、金姆和潘扎利斯（Kim and Pantzalis，2008）则转换了研究角度，从强调证券分析师角色和作用的角度出发，得出了与前人一致的结论。比德尔和希拉里（Biddle and Hilary，2009）的研究指出，高质量的财务信息能够有效地降低公司的代理成本，缓解资本市场与上市公司之间在信息上存在的不对等，从而较有效地减少上市公司过度投资或避免因为融资不足而带来的投资不足。塞利基奥特、塞维里尔和什夫达萨尼（Celikyurt，Sevilir and Shivdasani，2010）则提出，并购需要大量的资金，因此许多公司在 IPO 之后会增发股票募集资金，并购活动也随之增加。

我国中小板和创业板市场的设立时间较晚，相关资本市场已出现的待解决问题和可供研究的数据尚不丰富，因此目前相关的研究还不多。何小林（2010）研究发现，管理层盲目投资会降低企业的资金使用效率，而这在很大程度上是由超募资金使现金流量大量增加导致的。向显湖、朱艳和杜倩倩（2010）则在前人的基础上深入研究上市公司超募资金的成因及其经济后果，提出了一系列切实可行的经济建议。张伟、张汉青和岳瑞芳等（2010）的研究显示，超募问题更进一步反映的是企业在使用和投出超募资金时的混乱，如很多上市公司将超募资金用来还债、投资房产或以资金置换的方式变相挪用等，这些非预期的超计划使用超募资金行为严重损害了广大投资者的经济利益。吴金娇（2011）通过分析 28 家创业板上市公司超募资金的具体使用情况，发现超募资金的去向大致可以归为对外投资、补充营运资金或偿还贷款、资金置换以及购置厂房和土地等这四个方面。刘胡和方先明（2011）则以首批在我国创业板上市的 28 家公司为样本，对其中的资金超募状况进行研究，并在此基础之上考虑资金的使用效率问题，发现创业板上市公司超募比率较高，但其净资产收益率却低于其他类型的上市公司，这种高超募比率与其相对较低净资产收益率并存的反常现象背后揭示的是超募资金的不合理利用。方军雄和方芳（2011）发现上市公司管理层资金滥用很大程度上是由超募资金引起的，这同时也说明了超募资金、过度投资与管理者薪酬之间存在着密不可分的关系。衣龙新和杨峰（2011）从上市公司的经济行为角度进行研究发现，超募资金的使用方向主要集中在以下两个方面：一是扩大对上市公司主营业务的投资，以及对公司可持续长久发展的股权性投资；二是在满足了上市公司扩张性投资后，剩余的超募资金可用于弥补公司流动资金的不足。超募资金的使用存在非合理的替换问题；上市公司基本上不以超募资金派放现金股利，股利分配政策相对较保守。总的来看，上市公司超募资金的使用较多元化。蒋海燕（2011）的研究发现，于 2009 年在创业板上市的 36 家公司在证券市场上的募集资金很多处于闲置状态，实际用于投资的资金只占了募集资金的很小一部分，创业板上市公司具有大量闲置超募资金。

李刚和赵志明（2012）的研究表明，超募资金会在一定程度上影响企业的融资效率，具体来说，创业板上市公司超募资金越多，其融资效率便会越低，稀释了公司的业绩。因此，创业板上市公司的融资效率低下问题可以通过遏制超募现象来改善。郭咏（2013）通过研究超募资金的收益效应发现，超募资金越多，公司收益率会越低，具体表现在上市公司的资产收益率下降严重。张志宏、徐志立和李倩（2013）以公司融资约束为切入点，研究其与超募资金的关系发现，由于代理问题的存在，较高的超募率会缓解公司的融资约束，从而诱发公司的过度投资，降低了股权融资的市场效率。夏芸和徐欣（2013）将研究焦点转向 IPO 融资超募问题，通过深入的实证研究发现企业资本配置效率和投资效率低下与 IPO 融资超募有很大的关系，这会在一定程度上导致管理者盲目过度的投资行为，从长期来看，降低企业收益率的同时会使企业的未来业绩显著下降。张志宏和袭靓（2013）结合投资者与上市公司的互动行为对创业板上市公司超募资金迎合性投资行为进行研究发现，在超募资金较多形成充裕的现金流时，公司管理者会为了迎合投资者进行非理性投资。于紫平（2013）分析创业板上市公司的现金股利政策，发现超募资金与创业板上市公司发放现金股利显著正相关。唐雪、帅鹏和田敏（2013）扩大了超募资金后果的影响面，从公司、市场和社会这三个方面深入研究了超募资金形成的内部和外部因素。

三、超募融资与投资效率

国内已有的直接研究超募融资、投资效率两者关系的内容比较缺乏，大多都结合自由现金流展开。杨亚平（2011）以自由现金流假说和管理机会主义为理论基础，对我国西部上市公司的非效率投资问题进行研究发现，股权融资产生的上市公司内部现金流会显著降低企业的投资效率，表现出过度投资的现象，这与当前学者对上市公司投资过度行为研究的结论基本一致。罗博（2012）同样以自由现金流假说为理论基础，研究了创业板上市公司投资与超募资金的关系，结论表明，上市公司超募资金会加剧其投资过度的程度，两者呈现出显著的正相关关系。张志宏、徐志立和李倩（2013）通过对中小板上市公司 2009～2010 年的相关财务数据进行实证研究发现，不同的融资约束程度导致不同公司的投资行为也产生了一定的差异，一般来说融资约束宽松的公司更加容易进行过度投资。张志宏和龚靓（2013）则改变了固有的研究视角，基于市场非有效性的假说，结合了行为财务理论方面的相关研究，发现投资者的非理性情绪会对创业板上市公司的投资决策产生很大的影响，投资者情绪会影响市场上原有的定价机制，管理层为了迎合投资者情绪逆向选择，最终的结果便是企业投资效率低下。夏芸和徐欣（2013）选取深圳证券交易所 A 股上市公司中具有 IPO 超募融资的上市公司为研究样本，并以 2006～2010 年为时间段，进行相应的实证研究发现 IPO 超募融资会降低企业的资本配置效率和投资效率，给企业的经营业绩带来负面影响，同时会使上市公司出现过度投资的现象。陈聪（2013）通过建立 Richardson 模型，并考虑成长性、融资能力和盈利能力等因素的影响对超募资金和投资效率进行研究发现，特别是在具有严重超募现象的公司，其投资效率相对较低，两者之间呈现显著的负相关关系。

四、对现有研究的评价

综合上述分析，当前国内和国外相关文献大多数集中于对创业板上市公司超募资金形成的原因进行研究，最新研究成果也有涉及上市公司超募资金的流向和使用效率方面的。前人的这些研究意义重大，为后续进一步研究中小上市公司的超募资金现象奠定了坚实的基础。

综合现有的国内外关于中小上市公司存在的大量超募资金问题的研究来看，绝大多数的研究还是集中在超募资金形成的原因、超募资金带来的经济后果和怎样对超募资金进行有效的监管这几个方面，而对超募资金与企业投资效率之间的关系和内在影响机理的深入挖掘的研究显得尤为缺乏，只有很少的一部分文章是关于超募资金导致的投资过度与投资不足的，这些研究多是从企业自由现金流的角度出发。因此，大多数文章倾向于从理论方面阐释超募融资的现象，而全面深入研究超募融资与企业投资效率之间相关关系的文章少之又少。本书以前人的研究成果为基础，基于大股东视角和行为公司财务视角研究超募融资与企业投资效率的关系，为分析企业的超募融资与投融资决策的关系提供了进一步的有力证据。

第三节 研究内容与方法

一、研究思路与研究内容

2009 年随着创业板的开板，带来了科技类高成长企业，市场对其寄予厚望，IPO "三高" 现象应运而生，应当说，我国 A 股市场 IPO 超募融资主要集中在 2009 ~ 2012 年期间。本书选择该期间的中小板和创业板 IPO 公司超募资金样本，分析超募资金未来投资行为及效率问题。主要研究该期间 IPO 公司的超募融资及其投放现状，实证分析其超募资金投放与公司投资效率之间的关系；理论层面上，通过 IPO 计划内融资与超募融资的动机分析，结合股权超募资金的"自由现金流"特点，上市公司可能存在通过与控股股东的关联交易来安排超募资金使用的情况，影响超募资金的投资效率。

本书研究内容主要包括以下几个部分：

一是我国资本市场股权超募融资的成因及经济后果分析。结合我国资本市场的效率性，以及 IPO 定价机制存在的问题，进行股权超募的描述性分析，透过现象寻求背后的原因；对超募融资的经济后果进行分析，特别是超募资金对后期投资行为及投资效率的影响。

二是进行中小上市公司超募融资与投资效率关系的实证分析。分析超募融资对投资效率的实际影响，结果表明，我国中小上市公司投资不足和投资过度的问题尤为凸显，这些非效率性问题与企业超募融资呈现出显著的正相关关系，通过进一步研究发现非效率性的表现主要体现在投资不足；中小上市公司超募融资与投资过度呈显著的正相关关系，这表明企业超募融资越多，企业的过度投资现象越严重，超募融资使得资源配置效率严重下降，失去了资本市场的作用；中小上市公司超募融资与投资不足呈显著的正相关关系，这表明超募融资规模越大，企业的投资不足现象越严重。从样本的分布情况来看，投资不足在整个投资非效率性样本中占比相对更大，导致这种现象出现的原因可能是监管层和证券交易所更加严格地限定了超募资金的使用，使得募集资金不能用于除规定之外的用途，如投资证券、创业、衍生品等，企业更加倾向于将超募资金存放于指定银行而不是进行项目投资，从而导致企业的投资不足。

三是基于控股股东和公司治理的视角分析超募资金对投资效率的影响。实证结果表明，大股东控制能够强化超募资金与非效率投资之间的正向相关关系，说明上市公司的股权结构影响公司治理，大股东可以凭借持有的股份在股东大会上进行重大决策，影响董事会、经理层等各种治理机制，间接影响公司重大投融资决策，从而影响公司投资效率；大股东控制通过超募融资影响投资效率，且对投资效率的影响主要体现在投资过度上，大股东持股比例越高，对企业的控制权越大，越有能力和动机转移公司的超募资金到关联方，或者尽可能多地投资到能获取个人收益的项目上；在大股东控制背景下，超募资金对投资效率的影响受到产权性质的作用，这种作用主要表现在，国有上市公司之中具有较为显著的非效率投资现象，其超募融资额较大，即国有产权性质特征会强化超募资金对非效率投资的正相关关系；大股东控制背景下国有产权特征会强化超募资金对投资过度的正相关关系，产权性质通过超募资金影响非效率投资，这种影响主要表现在投资过度上，国有性质的上市公司股东与经理层的委托代理问题更加严重，经理层可以凭借公司为扩大规模而发展的机会，转移超募资金攫取大量收益。

四是基于行为公司财务角度研究股权超募资金对投资效率的影响。在弱势有效市场中，市场投资者的情绪容易受到政策和市场利好等因素的影响，并引发市场股价的波动，上市公司为顾及投资者的情绪，对处于"自由现金流"状态的超募资金，会做出迎合性投资决策，投资者情绪高涨时，往往会导致投资的过度；而当投资者情绪低落时，IPO超募又会导致投资的不足。

五是根据实证分析数据和研究结论，提出政策建议。如何改善甚至消除股权超募融资问题，是提高资本市场配置效率的内在要求，需要从制度监管层面、市场引导层面和投资者行为规范等方面着手，特别是我国资本市场如何运用好老股转让，并有效化解公司股权超募，为监管部门的政策制定提供参考。

二、研究方法

本书基于股权超募已有的相关研究，借鉴西方学者的理论分析架构，结合我国特有的制度环境与市场环境，采用理论与实证分析相结合、定性与定量分析相结合、静态与动态分析相结合的方法开展研究。

本书采用的具体研究方法可归纳如下：

（1）文献研究法。首先通过对现有相关文献进行深入细致的研究，运用规范分析的方法，在回顾既有相关文献的基础上，以委托代理理论和投融资理论为基础，通过理论归纳和演绎分析，确定待研究的问题。

（2）定性和定量分析法。结合我国独特的制度环境与市场环境，首先从理论上定性分析中小上市公司超募融资对投资效率的影响，进而实证检验超募融资与投资效率的关系，并基于大股东控制视角和行为公司财务角度分析超募资金对投资效率的实际影响效应与影响机制。

（3）比较分析法。主要从时间、行业和金额结构等方面通过对超募资金使用用途的现状进行分析，并对我国中小上市公司的超募融资及资金使用效率问题进行深入研究，旨在厘清中小板上市公司超募资金与投资效率的内在关系。

（4）模型分析法。基于理论分析，借鉴目前已经比较成熟的投资效率模型，从常规和特定的视角分析超募资金对投资效率的实际影响效应与影响机制。

第二章
股权超募融资的背景与现状

第一节　我国资本市场的融资效率

资本市场是为中长期资金融通交易的市场，其交易对象为股票、债券及相关证券投资基金。与货币市场相比，资本市场具有涉及的资金期限长、风险性高、交易量大等特点，融资工具包括长期银行借款、股票、债权的发行等。资本市场能够为实体经济提供有利的资金支持，发挥其筹集资金、优化资源配置、资本资产定价等功能。截至 2016 年 6 月 30 日，我国上市公司已经达到 2 868 家，共计融资 639 291.334 亿元。[①] 资本市场已经成为企业融资的一个重要平台和渠道，在我国经济发展中起到举足轻重的作用。

一、资本市场的资源配置功能

资本市场最本质的功能就是其能以相对公平、公开的定价方式及交易方式为企业融资，并服务于上市公司的实体经济。资本市场能够为市场实体企业提供资金支持，但无法满足所有企业的资金需求。倪鹏飞等（2014）在对比证券市场资本空间配置与区域经济协调发展时，研究发现在短期内资本市场将会加速资金向发达地区集聚，并进一步加剧区域间人均收入的差距。这种资金向发达地区、优质企业加速集聚的效应体现了资本市场的资源配置功能，其能够促使资金流向具有发展潜力的行业和企业。夏冠军等（2012）通过实证研究分析表明资本市场能够有效补足高新技术企业的研发投入。企业的研发需要投入大量的资金支持，若资本市场能够提供足够的外部股权融资，则能够为企业的进一步研发活动提供足够的资金支持，并对公司的经营业绩及持续创新能力有明显的促进作用，特别是针对中小企业来讲，促进作用更加明显。同时，高新技

---

① 资料来源：Wind 数据库。

术企业与一般企业不同的地方在于其以人力资本及无形资产为主要资产，缺少可以担保的融资标的，债权融资较为困难。因此，研发密集型中小企业的上市，有利于促进其研发能力的提升。

资本市场作为证券的交易平台，投资者借助该平台进行证券的公开和公平定价，上市企业凭借其自身实力和素质吸引投资者，通过发行证券和银行借贷解决投资所需的资金问题，在此过程中，资本市场也实现有效的资源配置，这是资本市场最基本的功能。而实现资本市场有效配置的途径即是通过公平、公开的合理定价所实现。

二、资本市场效率与市场定价

在高效的资本市场上，市场资金能够以公平、公正透明的市场定价有效实现向优质企业转移，这也是资本市场实现有效资源配置的前提条件之一。资本市场效率与市场定价息息相关。

韦斯特与丁尼（West and Tinic，1975）将资本市场分为外部有效与内部有效两种，外部有效指的是资本市场上的定价是使得证券投资的收益率等于厂商和储蓄者的边际收益率，这使得有限的资金资源能够流向最需要资金的领域，从而实现最优配置。而内部有效则强调在资本市场内部的交易营运效率，即资本市场在最短时间内以最低成本为市场投资者所完成的交易。根据本书的研究目的，这里更强调资本市场上的外部有效性。

根据资本市场上市场价格所反映要素信息的程度不同，美国经济学法玛将资本市场分为弱式有效、半强式有效和强式有效三种类型。在弱式有效的情况下，市场价格仅充分反映出所有过去历史的证券价格信息；在半强式有效市场下，市场价格已充分反映出所有已公开的有关公司营运前景的信息；在强式有效市场下，市场价格已充分地反映了所有关于公司营运的信息，这些信息包括已公开的或内部未公开的信息。在一个有效的资本市场中，证券价格能够反映出所有与证券定价相关的信息，当外部信息出现变化时，证券价格能够及时、快速地做出调整。可见，证券的市场价格是资本市场是否有效的标志之一，若资本市场上的证券价格未能充分反映与证券定价相关的信息，或未能对信息变化做出快速调整，无疑会影响到资本市场配置资源的效率。

三、我国资本市场有效性现状分析

我国资本市场从 20 世纪 90 年代发展至今，从无到有、从小到大，目前已发展成为一个有效的多层次资本市场，投融资功能愈加显著，市场的运行也在逐步规范之中。资本市场由场内市场和场外市场两部分构成。其中场内市场的主板、中小板、创业板（俗称"二板"）和场外市场的全国中小企业股份转让系统（俗称"新三板"）、区域性股权交易市场、证券公司主导的柜台市场共同组成了我国多层次资本市场体系，需要指出的是，目前我国正在推进的科创板已正式开版。

1. 资本市场运行的有效性程度不断提升

应当说，经过近三十年的不懈努力，资本市场的有效性在逐步提升，市场信息相对完整，市场价格能够有效、完全、准确地反映市场信息以及交易标的内在价值。但是，从我国资本市场现有的运行特点看，在很大程度上与发达的资本市场经济体相比尚存在较大的差距，表现出明显的弱有效性。首先，确保市场有效运行的信息质量差，与资本市场运行相关的宏观经济信息、管理决策信息常常处于不透明、缺乏连续性的状态；其次，中国资本市场接受外部信息的灵敏度不高，对于宏观金融政策变化所引发的证券市场反应时滞相对较慢，我国资本市场运行的可控程度有待提升，证券价格波动剧烈；再次，我国证券市场运行机制上存在着许多缺陷，市场运行环境有待进一步规范和完善，市场主体对宏观调控和市场准则的接受程度和反映程度欠缺，运行秩序缺乏有序性；最后，资本市场的竞争从根本上说是以企业的业绩和成长性为基础的，但目前，证券价格的波动往往伴随着其他人为因素，证券价格存在可操纵性，市场竞争在这种情况下演变成了"非效率操纵"，投资人因此只关注企业消息面的变化，而忽视了企业本身的发展，造成资本市场约束机制薄弱。

2. 资本市场制度环境的内在缺陷制约了资本市场的配置效率

市场资源配置的效率需要完善的制度体系来保障，在此方面，我国资本市场还有一段相当长的路要走，目前制度体系存在的问题表现在以下四个方面：

（1）我国现行股票发行制度是建立在尽责审查基础上的核准制，尽管较原先的审批制有很大的进步，但股票发行中的计划管理成分仍较强，事实上存在证券发行审核制度的二元结构。这种二元结构严重影响了证券市场的运行效率，加大了证券市场的运行成本。新股定价无法反映市场投资者的需求，定价严重偏离价值，制约了资本市场对资源的配置效率。

（2）信息披露程度有待于进一步提高。信息披露通过影响股票交易价格的形成而影响金融资源的配置效率，信息披露的完全性是资本市场运行有效的重要条件。但中国上市公司信息披露制度与发达国家的做法仍存在不小的差距，具体表现在信息披露的规范性、完整性和虚假信息披露的处罚等方面。这无疑加剧了外部投资者与上市公司之间的信息不对称，损害了投资者的权益。

（3）市场退出机制缺乏规范性。上市公司退市机制是促进中国资本市场稳妥、健康、高效运行的必要途径和有效手段，优质公司的注入不仅能解决公司资金问题，而且有助于保证上市公司质量和维护投资者利益。中国证券市场的退出机制严重滞后于资本市场的发展，退出机制缺乏规范化、经常化、制度化，成为资本市场有效配置资源的制约。

（4）资本市场监管机制存在缺陷。市场监管是维护资本市场有序运行的有效手段，我国资本市场在监管机制上存在诸多不足，如融资方违规成本过低，导致上市公司的违规问题一直未能很好解决，监管的制度体系不完善，相关法律修订严重滞后，市场参与者普遍缺乏自律意识等，这都不利于维护市场的平衡运行。

3. 股票市场存在价格失灵

这主要表现在以下三个方面：

其一，中国股票市场与经济增长的背离。股价指数与国民经济增长指标国内生产总值（GDP）应相互匹配，如果短暂出现不匹配现象也属于正常，但通常不会存在两者长期背离的情况，从长期看，两者一定应有较强的相关性，背离的结论是选择了不同的时间周期而已。我国股票与经济增长不同步，增大了投资者的风险水平。

其二，信息不对称和内幕交易影响市场投资的公平性。在低效率市场中，信息不对称是股票价格异常波动的主要原因，它会破坏公开、公平、公正的基本原则。信息不对称的直接后果是在股票市场上会引起道德风险和逆向选择。道德风险指的是市场交易的一方无法观测到另一方所控制的信息，而后者故意知情不报或编造虚假信息欺骗他人的行为；逆向选择是指市场交易中当一方无法观测到另一方的重要特征时所发生的劣质品驱逐优质品的情形。信息不对称直接表现为内幕交易，可以说，内幕交易是信息不对称的直接后果，信息不对称和内幕交易导致股票市场失灵。

其三，股票市场对信息的反应偏差，包括过度反应和反应不足。过度反应是指某一事件引起股票价格的变化超出预期合理水平的现象，其市场表现为，事件发生后股票价格发生超预期水平的剧烈变化，随后出现反向修正，股价恢复到其应有的价位上；反应不足是指某一事件引起股票价格的变化低于预期合理水平的现象，其市场表现为事件发生后股票价格缓慢上升或下降，股价变化到其应有的价位上。股票市场的信息反应偏差是经常存在的，只不过程度不同，完全正常反应，即市场对信息反应非常充分是一种偶然现象。股票价格对信息的反应偏差会导致股票价格不能准确地反应决定其价格的信息，股票市场出现失灵。

4. 市场融资存在"逆融资优序"现象

在融资优序理论下，外部融资方式存在顺序的优化选择，即优先选择债务融资，不得已再选择股权融资，该理论在美国等西方国家资本市场中得到了验证，原因是多方面的，包括成本、风险、治理等因素。但从中国资本市场来看，上市公司融资存在明显的股权融资偏好，若无法满足配股或发行的条件，上市公司倾向于通过发行可转换债，在设置较为宽松的转换条款下促使投资者将债务资本转换为股权资本。在以上融资方式都无法满足时，上市公司才会考虑进行债务融资。我国上市公司当前的融资偏好与西方国家的资本市场恰好相反，主要在于我国资本市场上的股权成本比较低。2005～2015 年 6 月，上海证券交易所和深圳证券交易所两市的融资总金额达到 5.96 万亿元，分红总金额 4.51 万亿元，累计回购 128.94 亿元，净融资额[①]达到 1.45 万亿元[②]。由此可见，上市公司的分红比例较低，股权成本较低，因此更偏向于股权融资。

与西方资本市场相比，我国资本市场的超募现象最为突出，这除了与我国资本市场制度所存在的问题相关之外，也与上市公司的融资偏好相关。超募的突出表现促使越来越多的学者对其展开研究，也使得本书的研究更有意义。

---

① 净融资额 = 融资 − 分红 − 回购
② 资料来源：新华财经，http://news.xinhuanet.com/fortune。

第二节　超募融资的制度背景

一、我国上市公司 IPO 制度

超募的盛行除与上市公司的融资偏好密切相关外，也与我国上市公司 IPO 定价机制具有非常紧密的关系。IPO 定价机制从其价格产生路径来看可以分为固定价格、拍卖以及累积投标三种。固定价格模式下股票价格取决于承销商根据市盈率等财务指标与发行人确定一个固定的发行价格。在拍卖定价机制下，股票定价与投资者在规定时间内的有效申购价格和数量相关。累积投标定价需承销商根据对企业的价值评估结果确定股票的价格发行区间，后根据路演所收集的投资者需求信息确定发行的最终价格。

随着市场化的不断推进，我国资本市场的新股发行机制日渐趋于完善，从审批制过渡到核准制，再到询价制，越来越关注与投资者的沟通。核准制下，上市公司的融资活动需同时考虑市场行情、自身需求及中介机构意见，这使得一级市场与二级市场的价格差异日趋减小，有效弥补了审批制下的缺陷。2004年，证监会发布《关于首次公开发行股票试行询价制度若干问题的通知》，拉开了询价机制的帷幕。在询价机制下，最大的差异在于投资者在定价上更具主动性，改变了历史上卖方单方确认价格的情形。下面就我国当前的发行机制及定价机制展开论述。

（一）发行机制

合理的 IPO 定价机制不仅能够反映公司的内在价值，同时还能够与二级市场对接。询价机制是当前我国股票市场确定新股发行价格的机制。我国当前 IPO 新股定价过程主要分为两部分，首先建立适宜的价值评估模型估计公司的价值并据以确定上市公司的发行价格区间，然后进入询价阶段，以市场供求为基础，确定最终的发行价格，并最终确定价格，具体流程如图 2-1 所示。

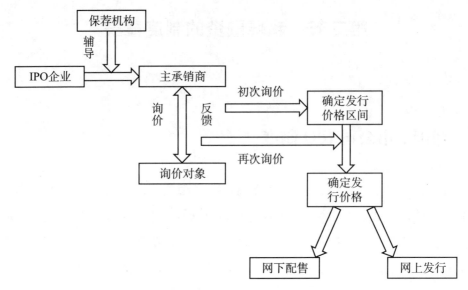

图 2-1　IPO 新股发行流程

询价机制能够通过主承销商挖掘其内在价值，并能够通过二次询价实现与二级市场的对接。在询价机制中，主承销商具有重要作用，其需通过专业分析判断公司是否符合标准，并通过新股投资分析报告展示公司潜在的投资价值。机构投资者等通过新股投资分析报告及自身专业判断确定合理、有效的定价。主承销商的新股投资分析报告能够影响询价的结果，因此主承销商在 IPO 定价机制中具有重要作用。

询价机制推出后一定程度上使得 IPO 定价趋于市场化，有利于保护投资者的利益，使得 IPO 的定价不仅能够考虑到估值结果，还能兼顾投资者的需求。西方的资本市场表明询价机制能够充分考虑投资者的需求。然而，我国的询价机制与西方纯粹的询价机制还存在差异。具体来看，我国的询价机制被划分为机构投资者和公众投资者两种类型。第一种类型是针对机构投资者的配售模式，在经过对投资者投标定价的结果累计之后，使得所有的机构投资者都能够得到相同的配售机会。第二种类型针对其他公众投资者，发行价格为累计投标所确定的价格。因此，我国的询价机制更接近于"累积投标+固定价格"模式。

（二）定价机制

证券市场上股票的价格是由供求关系决定的，发行方确定合理的股票价格需要对证券市场股票的供需状况进行具体的分析，并在此基础之上预测未来股票价格可能的走势。这就要求发行方与承销商在具体分析供求关系的基础上确定有效的价格区间，并结合企业的实际价值对股票进行准确的定价。从理论上说，企业价值从根本上影响了股票的价格，所以对企业价值正确的评估是股票定价的基础。

在价格区间确定后，股票定价还受路演过程中所接受的投资者需求影响。潜在投资者对股票的接受程度代表了该股票被市场所接受的能力，并能够在有效的价格区间内确定一个合理的发行价。因此，潜在投资者对企业的价值评估直接影响了其所能确定的发行价格。若承销商与潜在投资者对企业的价值评估结果差异较大，则表现为股票定价的两极化。若无重大差异则容易得出相对合理可靠的发行价。

因此，从询价机制下股票发行价格的产生途径来看，股票的最终发行价格与承销商、投资者对企业的价值评估结果密切相关。

公司价值评估方法分为内在价值评估法和相对价值评估法。根据我国股票市场的情况，股价的波动与大盘整体的涨跌情况关联性较大，不能够真实地反映出股票的投资价值，只能根据市场供求情况相对地反映股票的价值。同时，由于公司的未来现金流量较难确定，因此内在价值评估较难，使用固定股价模型等得出的理论也与实际情况存在较大的脱节，从而导致定价缺乏准确性。目前，我国资本市场定价的主要依据及方法为相对价值法中的市盈率法。

当前 IPO 发行及定价机制促发了超募融资的机会，上市公司估值难以准确定位，从而使得市场容易受到吹捧而导致投资过度。然而，在超募融资的背景下，上市公司的成长性并没有达到预期要求。

二、中外上市公司 IPO 制度对比

中外上市公司 IPO 定价机制上的差异体现在不同的定价方法与不同的发行方式上。不同的定价方法和发行机制共同影响了 IPO 定价的准确性。

（一）发行机制对比

在发行机制上，固定价格发行、竞价发行、累计投标等方式的特点各不相同，在发行价格、发行数量、承销商权利方面存在重大的差异。在固定价格发行模式下，发行价格、发行数量在信息收集之前就已经确定，承销商没有权利进行分配，而发行价格的合理确定直接决定了发行能否成功，主要适用于资本市场不怎么成熟的国家。竞价发行与固定价格发行的区别就在于发行价格上的决定权。与固定价格不同的是，虽然发行数量在信息收集前已经确定，但发行价格在信息收集后才确定，增加了发行定价的合理性，也使得承销商获得了一定的权利。由于发行价格主要由市场确定，因此竞价发行主要适用于较为成熟的资本市场。累计投标发行下承销商拥有了完全的分配权，发行价格及发行数量均在信息收集后确定，充分考虑了机构投资者对发行价格的影响，也是国际上较为常见的发行定价方法。由于不同发行模式下，发行数量、发行价格、承销商权利各不相同，因此发行模式也影响到发行定价的准确性和合理性。

（二）定价机制对比

在定价机制上，较为常用的方法包括现金流量贴现法、可比公司法以及经济附加值法。现金流量贴现法即将未来的现金流量（股利）折现。但是由于公司上市初期面临着较大的市场竞争风险、行业政策变化风险等，从而导致现金流量较难预测，且折现率难以合理确定，进而影响新股定价的准确性。可比公司法是选择与公司在规模、行业、商业模式等特征上较为相似的上市公司，通过对比上市公司与拟上市公司在经营参数上的差异，从而估算出拟上市公司的合理价格，因此又被称为相对价值法。经营参数主要包括市盈率、市净率、市销率等。可比公司法的计算、操作均较为简单，不容易受主观因素的影响，同时，二级市场成熟的上市公司也能够充分代表股票的价值，可比公司法具备一定的合理性，但其关键在于可比公司的选择。经济附加值法即将公司的总价值用当前累计投入加上未来经济附加值现值累计计算，该方法将公司的价值区分为营运价值与未来增长价值，既考虑了公司当前的资产情况和投入情况，同时能够将公司未来的业绩增长、营运风险等综合考虑进来。但是，该方法实际操作起来较难，容易受到主观因素的影响。不同方法下的定价模型必然影响发行定价的合理性和准确性。

（三）对我国 IPO 定价机制的启发

不同的定价方法、发行模式对定价具有不同的影响，也适用于资本市场发展程度不同的国家，并与拟上市公司的行业特征等息息相关。

在不同的定价方法中，最为常用的是可比公司法，最为科学的是现金流量折现法。与此相对应，操作最为简单的为可比公司法，最为复杂的是现金流量折现法。在可比公司法中，不同经营参数的对比法又分别适用于不同行业特征的企业。一般来说，β 值接近于 1 且连续盈利能力较强的企业适用于市盈率法。当企业拥有大量资产且资产总额大于负债总额时，企业往往采用市净率法。另一种经营参数——市销率则较多应用于销售成本率较低的服务类企业和销售成本率趋同的传统企业。

在发行模式上，随着资本市场的发展，其分别从固定价格发行逐步过渡到竞价发行、累计投标询价等方式，能够充分反映市场诉求。

现行国内资本市场 IPO 发行及定价机制存在如下问题：

（1）新股定价容易受到机构投资者的操控。

根据当前股票发行机制的规定，股票发行在 4 亿股以下的公司，承销商仅需选择 20 家机构投资者进行询价。在选择询价机构投资者时，主承销商可以选择与其关系密切的机构，从而使得新股定价受到机构投资者的操纵，失去公信力，与股票的实际内在价值出现偏差。

（2）初步询价阶段与累计询价阶段的分离容易产生机构投资者的诚信问题。

两阶段询价是为了让股票更贴近其实际价值，但是若累计投标询价过程中机构投资者为了充分提高股票价格，则会在初步询价阶段刻意提高定价区间。

（3）新股定价方法过于单一，过于依赖市盈率法。

我国目前的发行定价机制主要为市盈率法。虽然现金流折现法或其他估值方法更为科学，但是，我国金融市场上股利支付的公司较少，较难确定上市公司通过所发放股利引起的现金流量变动。

超募融资现象由发行人、保荐人、投资者三方的共同作用而产生，与当前国内 IPO 发行及定价机制息息相关。而与国外资本市场的差异对比可以看出我国资本市场所存在的问题，并能够为完善 IPO 发行及定价机制提供方向。在新股定价过程中，选择合理、具有弹性数量的合格机构投资者能够对定价准确性产生一定作用。此外，在证券定价的过程中，使用合适的估值方法确定新股定价，并辅以其他多种定价方法进行参考，能适当缓解对市盈率法的依赖。

第三节　超募融资的现状

一、资本市场超募融资概况

新股发行在我国资本市场普遍出现了超募的情形，远远高于国际市场的超募率。超募情形的出现除了与资本市场参与者投资需求相关之外，还与我国资本市场的发行制度具有密切的关系。在当前的发行制度下，发行人希望以更高的价格募集更高的资本金，保荐人希望获取更多的保荐承销费用，发行人及保荐人的共同目的就是通过资本市场募集更多资金，而投资者属于信息相对不完全的另一方，从而导致投资者的利益与发行人、保荐人的利益并不完全相同。不同的利益取向及信息的不对等加重了超募现象。在我国各层次的资本市场上均出现了不同程度的超募情形。

（一）主板市场超募融资概况（各年度数据变化）

主板市场是各层次资本市场中最为成熟的市场。与创业板、中小板相比，主板的发行量较大，能够为超募创造有利的条件，以华锐风电为例，其以 90 元/股的超高发行价问世主板且市盈率等指标与同行业内企业相当，但凭借 10 510 万股的超高发行量，使得其超募资金达 58.74 亿元。[①]

主板市场各年度超募情况如表 2-1 所示。

————————

① 资料来源：Wind 数据库。

表 2 - 1　　　　　　　　　主板上市公司各年度资金超募情况

项目	2009 年	2010 年	2011 年	2012 年
样本量（个）	10	22	33	24
平均发行价格（元）	8.61	17.25	18.27	10.81
平均发行市盈率（%）	45.26	44.69	38.03	23.41
计划募集资金（亿元）	81.10	27.56	15.54	13.12
实际募集资金（亿元）	113.56	40.45	22.19	13.61
超募资金（亿元）	32.46	12.88	6.65	0.48
超募率（%）	40.02	46.74	42.78	3.69

资料来源：CSMAR 和 Wind 数据库。

从表 2 - 1 可知，主板市场的超募情况相对缓和，其市盈率也不存在奇高的值，超募率在 2010 年达到了最高，但也仅为 46.74%，低于创业板与中小板。

（二）创业板超募融资概况

创业板的超募现象在各层次资本市场中显得尤为突出。在创业板首批上市的企业中，平均超募率已经达到 118.7%。[①] 截至 2012 年底，创业板上市公司已经达到 355 家，平均发行价格 29.7 元，平均发行市盈率为 55.36，计划募集资金 874.95 亿元，实际募集资金 2 319.53 亿元，超募资金共计 1 444.58 亿元，超募率高达 1.64 倍。

此外，创业板超募现象在 2010 年最为严重，各年超募情况如表 2 - 2 所示。

表 2 - 2　　　　　　　　　创业板上市公司各年度资金超募情况

项目	2009 年	2010 年	2011 年	2012 年
样本量（个）	42	116	127	72
平均发行价格（元）	29.21	37.36	27.03	22.16
平均发行市盈率（%）	68.62	71.16	49.26	33.26
计划募集资金（万元）	95.65	288.03	298.9	185.7

---

① 赵璐、周晓晨：《创业板上市公司超募融资及资金使用研究》，载于《经济与管理》2014 年第 3 期，第 51 ~ 56 页。

续表

项目	2009 年	2010 年	2011 年	2012 年
实际募集资金（万元）	231.47	916.81	675.88	310.89
超募资金（万元）	135.81	628.78	376.98	125.19
超募率（％）	143.12	218.30	126.12	67.42

资料来源：CSMAR 和 Wind 数据库。

从表 2 - 2 可知，创业板的超募现象较为严重，市盈率在 2010 年达到 71.16％，当年度的超募资金达 628.78 万元，超募率也高达 218.30％，均高于主板市场。

（三）中小板超募融资概况

根据德勤最新发布的《2016 年上半年香港及内地 IPO 市场报告》，在监管趋严的大背景下，内地新股发行的节奏有所放缓。主板市场平均融资额较去年同期大幅下降，仅为 5.25 亿元，而中小板的平均融资规模达到了 5.97 亿元，超过了主板平均融资规模。中小板的融资功能逐步凸显，但也印证了创业板与中小板为超募两大阵营的说法。

中小板企业各年度超募情况如表 2 - 3 所示。

表 2 - 3　　　　　　中小板上市公司各年度资金超募情况

项目	2009 年	2010 年	2011 年	2012 年
样本量（个）	57	198	113	51
平均发行价格（元）	23.85	28.46	25.22	17.66
平均发行市盈率（％）	48.04	55.02	41.44	28.59
计划募集资金（万元）	221.08	772.12	508.63	182.75
实际募集资金（万元）	421.39	1 848.83	934.77	281.55
超募资金（万元）	200.31	1 076.71	426.14	98.8
超募率（％）	90.61	139.45	83.78	54.06

资料来源：CSMAR 和 Wind 数据库。

从表 2 - 3 可知，中小板市场在 2010 年达到了超募最严重的时点，超募资金

1 076.71 万元，超募率 139.45%。虽然其超募率低于创业板，但其超募资金在该年度超过了创业板市场，中小板超募资金的使用效率研究具有较大的意义。

（四）横向及纵向对比分析

从横向来看，与主板市场相比，创业板与中小板为资本市场超募集中地。导致创业板及中小板超募的原因主要在于其公司价值容易被高估。创业板及中小上市公司多数为高科技公司，拥有独特的商业模式和盈利模式，此外，部分上市公司甚至存在粉饰公司财务报表等行为，以上原因使得市场对其估值较高，并能够以较高的发行价发行，从而导致募集现象较为严重。

从行业分布来看，制造业更为严重，具体情况如表 2-4 所示。

表 2-4　　　　　　　制造业和非制造业超募情况比较

行业名称	实募资金比率（%）	超募规模（亿元）	超募率（%）
非制造业	1.996	9.704	0.756
制造业	2.267	9.976	0.921

资料来源：CSMAR 和 Wind 数据库。

制造业超募情况更为严重，一方面在于制造业在上市公司主体中的比例较高，在数量上具有一定优势；另一方面，上市制造业公司的体量规模往往较大，其投入也往往较大，因此无论其原始投资规模还是再融资规模，均对资金需求较大。在数量及需求量的双重作用下，制造业的超募现象更为突出。

从纵向来看，随着内地 IPO 监管趋严，新股发行数量有所降低。2010 年创业板的超募情况达到最严重的时点。同时，中小板的超募现象逐步凸显。中小板超募现象的突出源于其融资功能的不断提高，这也是本书的研究意义所在。

二、典型案例分析——海普瑞

海普瑞超募为中小板超募的典型案例之一。深圳市海普瑞药业股份有限公司（以下简称"海普瑞"）成立于 1998 年，在 2007 年公司完成改制，成为股份有限公司，并于 2010 年 5 月 6 日成功在深圳证券交易所中小板挂牌上市，证券简称"海普瑞"，金田土科技、乐仁科技和飞来石科技作为控股股东，李锂和李坦夫妻为实际控制人。公司注册资本 77 950.1065 万元，主要研究、生产及销售肝素钠原料药，产品绝大部分出口。[①]

（一）资金募集情况

公司高额的发行价格得益于发行期内业绩的迅速增长。2009 年，因美国百特事件[②]而使得公司的原料药成为大剂量标准肝素制剂在美国市场的唯一供货方，这也成为公司市场宣传的利器。公司也在此之后开拓了欧洲和美国市场，需求量大增，从而使公司业绩迅速增长，2008 年公司每股收益为 8 元，2010 年也达到每股 4 元的收益，2010 年公司在中小板以每股 148 元的价格首次公开发行，拟发行 4 010 万股流通股，每股面值 1 元，主承销商中国建银投资证券有限责任公司采用网下询价配售与网上资金申购定价发行相结合的方式发行。截至 2010 年 4 月 29 日，公司已发行人民币普通股 4 010 万股，共募集的资金总额为 593 480.00 万元，扣除了所有的相关发行费用之后，实际募集资金净额为人民币 571 680.42 万元。[③] 海普瑞首发共 211 家机构参与申购，最终超幕金额 50.7 亿元，超幕率达 586.29%。

（二）募集资金用途分析

根据公司招股说明书所披露的信息，公司所募集资金的主要用途为：向肝素钠原料药项目投资 48 274.50 万元，产量每年达 5 万亿单位；投资 38 202.57 万元至上述项目，以弥补其出现的流动资金差额。假如相较于本次募集的资金在投资后有余额，则剩余资金将用来补充公司流动资金。其中，肝素钠原料药生产建设项目的具体投资预算如表 2-5 所示。

---

① 资料来源：笔者根据深圳市海普瑞药业股份有限公司官网信息整理。
② 美国百特公司出厂的标准肝素制剂产品 2008 年初在市场上引起严重药品不良反应，造成该公司被迫全面退出大剂量标准肝素制剂市场、被禁止常州 SPL 出口肝素到美国的后果。
③ 资料来源：海普瑞公司 2010 年度报告。

表 2 - 5   海普瑞公司肝素钠原料药生产建设项目的具体投资预算

项目名称	金额（万元）	比例（%）
固定资产投资	29 312.30	60.72
其中：建筑工程费	4 072.00	8.44
设备购置费（含验证费）	21 594.00	44.73
设备运输安装费	1 079.70	2.24
工程预备费	2 566.60	5.32
铺底流动资金	18 962.20	39.28
合计	48 274.50	100.00

资料来源：海普瑞公司招股说明书和年报。

该扩产建设项目能够有效提高公司的产量，项目建设期预计为两年，建成实际运营 4 年后达到正常生产量，FDA 等级和 CEP 等级肝素钠原料药产量为 2.5 万亿单位，第二年产量可达到 5 万亿单位。产能提高给企业带来的销量提升能够有效提高企业的经营业绩和盈利水平。项目总投资金额 86 477.07 万元，分为建设投资、铺底流动资金及配套流动资金，各年预计使用情况如表 2 - 6 所示。

表 2 - 6   海普瑞公司肝素钠原料药生产建设项目资金各年预计使用情况   单位：万元

资金分配	第一年	第二年	第三年	合计
建设投资	11 096.30	18 216.00		29 312.30
铺底流动资金			18 962.20	18 962.20
配套流动资金		13 370.90	24 831.67	38 202.57
合计	11 096.30	31 586.90	43 793.87	86 477.07

资料来源：海普瑞公司招股说明书和年报。

上述内容主要为公司招股说明书对未来资金使用情况的预测。根据公司公开披露的年度报告数据，公司各年度募集资金的实际去向及金额如表 2 - 7 所示。

表 2-7　　海普瑞公司各年度募集资金的实际使用去向及金额　单位：万元

资金使用去向	2010 年度	2011 年度	2012 年度	2013 年度	2014 年度	2015 年度
承诺事项：						
项目当年投入	572.14	3 715.69	11 529.67	12 654.75	3 110.71	
项目累计投入	572.14	4 287.83	15 817.5	28 472.25	31 582.96	
项目投资进度（%）	0.66	4.96	53.96	97.13	107.75	
项目流动资金				7 067.54	28 719.31	4 159.75
补充投资进度（%）				12.36	62.60	69.88
超募资金投向：						
归还银行贷款	8 000.00					
补充流动资金	88 900.00					24 493.55
受让成都市海通药业有限公司36%的股权		720.00				
对成都市海通药业有限公司进行增资		1 700.00				
成立合资公司深圳君圣泰生物技术有限公司		2 000.00				
受让成都深瑞畜产品有限公司15%的股权			1 800.00			
受让成都深瑞畜产品有限公司24%的股权			3 286.66			
购买土地（履约保证金）			2 200.00	8 555.00		
成都深瑞畜产品有限公司增资后持股比例增加至96.4%				8 000.00		
Hepalink USA Inc. 增资					62 008.93	5 732.68
合计	97 472.14	105 607.83	124 424.16	160 701.45	254 540.40	288 926.38

资料来源：海普瑞公司招股说明书和年报。

根据公司 2016 年 8 月 29 日对外发布的《深圳市海普瑞药业股份有限公司董事会关于募集资金 2016 年半年度存放与使用情况的专项报告》，截至 2016 年 6 月 30 日，公司共使用募集资金达到 291 534.61 万元，尚未使用的募集资金余额为 360 805.15 万元，期末募集资金账户余额为 360 805.15 万元，共产生利息收入 24 484.87 万元。由公司 2016 年度半年报所示，项目实施投入肝素粗品的采购，而肝素粗品价格相比于首次公开发行编制募投项目可行性研究报告时所参考的价格有较大跌落，使得流动资金未按预期金额使用。

因此，公司超募资金主要用于补充永久性流动资金、偿还银行贷款、对外投资、购买土地等，所使用金额占累计使用募集资金的比例为 75.46%。其余未使用资金 360 805.15 万元主要存放于招商银行深圳新时代支行、中国光大银行深圳分行财富支行等募集资金专项账户，并以定期存款居多。此外，公司的项目投资进展较慢，远低于初始预期情况。

（三）超募资金使用的经济效果分析

根据公司所披露的财务报告，所募集资金的各年度经济效益如表 2 - 8 所示。

表 2 - 8　　　　　　海普瑞公司募集资金的各年度经济效益　　　　　单位：万元

项目	2010 年	2011 年	2012 年	2013 年	2014 年	2015 年
承诺事项投资：						
扩产项目收益	0	0	0	0	36 080.67	59 627.81
超募投资事项：						
成都市海通药业有限公司		-113.06	-191	-110.81	12.24	-63.51
成都市海通药业有限公司（增资）		-121.33	-450.97	-261.64	28.86	-149.94
深圳君圣泰生物技术有限公司		-18.11	-170.37	-194.78	-228.07	-492.24
成都深瑞畜产品有限公司			-95.24	-248.65	-88.56	-118.75
成都深瑞畜产品有限公司				-397.84	-141.69	-190.00

项目	2010 年	2011 年	2012 年	2013 年	2014 年	2015 年
成都深瑞畜产品有限公司				−39.78	−14.17	−19.00
Hepalink USA Inc.					2 329.55	3 594.63
合计		−252.50	−907.58	−1 253.50	37 978.83	62 189.00

资料来源：海普瑞公司招股说明书和年报。

由表 2 - 8 可知，除扩产项目、Hepalink USA Inc. 实现盈利外，公司超募资金所投资项目均未产生收益，未使用的资金存放于银行专项存款账户，所超募资金的使用效率较低。公司自 2010 年以来的毛利率、每股收益、净资产收益率、每股经营活动产生的现金流量净额等盈利指标的变化如表 2 - 9 所示。

表 2 - 9　　　　　　**海普瑞公司盈利指标的变化**

年份	毛利率（%）	每股收益（元/股）	净资产收益率（%）	每股经营活动产生的现金流量净额（元/股）
2010	42.08	3.13	22.07	0.89
2011	28.86	0.78	8.01	1.76
2012	37.87	0.78	7.99	0.59
2013	24.92	0.40	4.00	0.53
2014	28.85	0.4227	4.17	1.14
2015	37.00	0.7248	6.80	1.12

资料来源：海普瑞公司招股说明书和年报。

从表 2 - 9 可以看出，公司除每股经营活动产生的现金流量净额外，其余指标均在 2010 年达到最高值，而每股经营活动产生的现金流量净额在随后的 2011 年度达到最高值，表明公司在募集资金后并未带来盈利能力上的提升，相反，所募集资金的使用效率较低。上市公司超募资金使用效率低下表明我国资本市场的资源配置与优化功能失效，不能合理有效地服务于上市公司的实体经营。

第四节　超募融资的经济后果

一、超募融资影响资本市场的配置效率

从资本市场的功能看，IPO股权超募现象无法实现资源的最优配置，影响资本市场资源配置功能的发挥。在稀缺资源市场中，存在"零和"交易现象，一个企业的股权超募必将影响其他潜在的公司上市融资，这与我国宏观大环境是背道而驰的，原因在于：一是我国正在推行的"去杠杆"经济政策，需要为企业提供更多的IPO机会，以期降低企业的负债水平；二是我国目前处于中小企业"融资难、融资贵"的大环境，更多的企业需要上市融资，解决资金匮乏的资金压力问题。

另外，从市场融资的公正和公平角度看，企业上市IPO，市场能有效解决融资方的资金需求即可，超募资金将形成融资方的"自由现金流"，占用了市场有限的资源，影响潜在股权融资企业的融资诉求，导致资本的市场无效流动现象，形成社会资源的浪费。

二、影响上市公司的资金使用效率

企业通过IPO融入股权资金，企业需要按照招股说明书将确定的资金投放到募投项目，而实际融资额超过计划融资额的超募部分将形成"自由"的超募资金，这部分资金在企业内部成为冗余资金该如何使用？是否存在不合规使用？投资效率会如何？市场普遍担心。

代理成本理论认为，企业资金的闲置将会增加企业的代理成本。根据现金流量理论，当企业的冗余闲置资金较多时，管理层操纵现金自我获利的可能性

会增大，会带来过度投资的倾向，甚至会产生挪用公司"自由现金"的动机，这将扩大股东与管理层之间的代理成本，降低企业的经营效率。特别是对于中小板及创业板上市公司而言，多数正处于快速成长阶段，公司普遍存在扩张动机，试图利用自由资金进行横向或纵向的投资活动，对投资项目的可行性论证存在过度乐观情绪，可能导致盲目投资，从而承担更大的投资风险。

此外，上市公司的控股股东可能将超募资金看成自己的功劳，如何从中得到自身的回报，往往也在考验上市公司的治理结构，控股股东往往会采用关联交易行为来掏空上市公司，将超募资金通过成本转移、高溢价并购及关联投资等手段，实施超募资金向控股股东的转移。现实中，尽管监管当局采用诸如三方监管的办法，来保障资金的安全，但这无法阻止"蚂蚁搬家"的日常关联交易方式，为外部监管带来难题。

三、超募融资的市场反应

对上市公司而言，超募资金是 IPO 的重要副产品，包括券商、机构等中介也能从中分得"一瓢羹"，这也一度是券商包装上市公司的重要驱动力，因此，强化公司 IPO 超募资金的市场监管是非常必要的。可见，IPO 超募融资与高发行价格往往是相伴而生的，市场投资者以较高的成本获得公司的股票，就存在股价理性回归所带来的投资损失的风险，中小板和创业板上市公司股价破发现象非常普遍，充分说明了 IPO 定价过高所带来的恶性循环经济后果。

相较于募投项目而言，超募资金的投向有一定的不确定性，从这一点来看，募投项目的可行性研究要经得起中国证监会发行审核委员会（以下简称"发审委"）、市场投资者的拷问，而超募资金的后期投向仅走公司内部程序，但闲置的资金仅增加了公司的代理成本，降低了公司整体的净资产收益率，严重损害了上市公司股东的基本利益。

第三章
超募融资影响投资效率
理论和现实分析

第一节　超募资金投资效率的理论基础

一、投资与投资效率

投资指的是特定经济主体为了在未来可预见的时期内获得收益或是资金增值，在一定时期内向一定领域投放足够数额的资金或实物的货币等价物的经济行为，是企业价值管理的中枢。企业投资可分为实物投资和证券投资两类，前者基本属于企业内部投资，通过生产经营活动实现经营利润；后者通过购买其他企业发行的股票或债券，以期实现投资收益。

作为营利性经济组织，投资是企业实现盈利的驱动器，但由于经济环境的不确定性，并非所有投资均能达到赚钱效应。这就要求企业进行科学决策，提高投资的效益，可通过研究投资效率来进行评价。

投资效率是指企业投资所取得的有效成果与所消耗或占用的投入额之间的比率，也就是企业投资活动所得与所花费、产出与投入的比例关系。在经济学相关著作当中，常常将效率分为两个方面：一是经济主体在分配资源时的有效性程度；二是市场主体资源消耗的成果如何，即投入产出之比。通常我们所指的经济主体行为的有效性，是指其能够合理有效地配置资源，提高相应的投入产出比。而从成本角度来看，当经济主体能够减少劳动时间，其经济行为常常也是有效的。在本书所进行的研究中，上市公司投资效率主要指如何运用超募资金实现资金的增值性，即提升上市公司的资金运用及效果。

同生产过程一样，投资行为也是一个紧密联系的持续过程，从最开始投入一定的资金，到最后产生效益，上市公司取得相应的利润。从中我们可以清晰地看到，企业的投资效率和资源配置效率之间有着密不可分的关系，企业的投资行为本质上是对企业的可动用资金进行资源配置，将其分配到各个不同的项目上，而想要达到最高的公司效率则需要最合理的配置资金，达到资源配置最优化，即帕累托最优效率，这时的投资行为达到最优效率。

投资活动是企业财务活动的核心，提升企业价值，从根本上来说，取决于企业的投资决策以及投资效率的高低。因为只有科学的、高效率的投资决策，才能实现更多的现金流量折现值，从而增加企业价值。但现实是残酷的，我国企业在投资过程中普遍存在着投资效率低下的问题。判断一个经济主体的投资效率的高低，可以从下面三个层次来着手分析。

1. 投资额度的合理性程度

企业作为市场的一个基本经济组织，其特定期间内的投资总额，要根据市场总体发展态势，做好宏观和行业的分析，不能盲目乐观，要审时度势，果断决策；同时，也要根据企业自身的条件和风险承担能力，实事求是，量力而行，在企业能力范围内进行投资。在具体投资程度判断上，如果超出企业资本所能承担的投资额，可能会产生过度投资的倾向，相反，企业过度保守，不善或不敢投资，就会出现投资不足的可能，当然，这种判断，很大程度上受到行业发展态势的影响。

2. 投入资本的回报率水平

在市场经济条件下，资本的市场流动应遵循逐利的本性，对于企业投资效率的评价，投入产出比无疑是重要的衡量指标。基于企业投资产出的视角来看，企业在投资之前，均要求做投资可行性研究报告，预期是良好的，但未来投资回报率才是判断投资有无效率的准绳，在此方面，有良好预期而结果惨淡的案例比比皆是。

3. 投入资本的配置效率

从企业这个微观组织看，其有限的资本如何合理配置，实现投资结构的优化，也是投资决策的目标之一。在我国目前进行的供给侧结构改革中，如何适应外部形势的发展，把企业的投资结构调整到优化的状态，已成为当前判断企业投资效率的重要因素。

二、股权超募资金投资效率的理论分析

按照我国股票发行的相关制度规定，公司IPO应当以实际项目作为发行融

资的支撑，企业要切实依据其自身实际能力以及所拥有的资源谋划投资项目，并以此确定所需募集的资金净额，并与项目需求相匹配，最后还应在《首次公开发行股票招股说明书》中披露企业募投项目的资金配置、收益和风险等情况。而在股票发行过程中，由于股票价格的原因，可能形成超募资金，即实际 IPO 募集的资金超过《首次公开发行股票招股说明书》中募投项目计划融资额的差额。因此，相较于计划内的募投项目而言，超募资金的投向有一定的不确定性，从这一点来看，《首次公开发行股票招股说明书》所列的募投项目必须经得起监管部门、发审委委员和市场投资者的审查和拷问。但是，如何使用 IPO 超募资金？该资金的后期投向仅需走公司的内部决策和审批程序，管理层提出资金投向，经公司董事会和股东大会的审批，即可合规使用，该资金的投资效率也备受市场投资者的关注。

从理论层面看，超募资金投资效率的分析可从以下几个理论层面展开：

（一）超募资金的使用存在信息不对称和代理问题

按照信息不对称理论，公司的管理层和投资者之间，以及投资者之间均拥有不同的信息，因此根据信息所获得的收益也同样存在差异。一般地，有信息优势的投资者能获得更多的投资收益。信息不对称不仅包括企业外部信息不对称，还包括企业内部信息不对称。外部信息不对称，包括股东与债权人之间，以及股东与潜在投资者之间，存在一定程度的信息不对称现象。有限责任公司的股东仅承担有限的责任，偏好风险收益的股东相比债权人而言，更有激励管理层投资更高风险投资项目的动机，为了应对这一"资产替代"问题，贷款人会通过提高借款利率、实施信贷配给或者设置附加条款等措施，从以期达到限制公司盲目投资的目的。在此情况下，为了应对债务融资成本的提升，公司股东及其代理人会通过逆向选择，放弃净现值（NPV）为正的投资项目，从而减少外部债务融资；另外，公司股东认为债权人损害了公司价值，可能做出不利于债权人的道德风险决策，也会导致 NPV 为正项目的投资不足。

同样，信息不对称也会通过抬高股权融资成本造成公司投资不足，公司管理层有动机利用内部信息在公司股票价值被高估时对外发行新股融资，从而提高潜在投资者的投资成本。考虑到这种可能性，潜在投资者的投资意愿会被削弱，这使得公司在面临好的投资机会时往往难以获得所需资本。而所有者与经营者之间的信息不对称则被称为内部信息不对称。在经营权和所有权分离的情况之下，管理层对实际经营活动进行控制，并决定企业货币资金的具体流入与流出，能够掌握更多有关企业的各方面信息，相对于所有者而言具有信息的优势。这样就极容易导致管理层利用其中的信息优势，谋取私利而损害其他所有者的利益，形成严重的委托代理问题。具体来说就是管理层极有可能把企业的资金流投到 NPV 为负的项目上，导致企业的价值降低，即产生过度投资。

代理问题在现代企业中普遍存在，股东是企业的终极所有者，而管理层作为股东的代理人，负责企业的日常经营活动。由于两者利益的取向有很大的差异性，管理层为自身利益最大化，存在损害公司价值的自利行为，这在一定程度上损害了所有者的利益。所有者为保护自身利益不受损害，会通过各种手段来监督和纠正管理层的自利行为，这在一定程度上也增加了代理成本，损害了企业的价值。管理层可通过做大投资基数，制造虚假繁荣景象，实现自我收入函数最大化。为得到董事会的支持，管理层对关键财务指标往往采取过度乐观的态度倾向，使资金流向了投资回报率低于预期，或 NPV 为负值的非理性投资项目中，导致公司的价值下降。作为股东的代理人，管理层会选择配合的态度，来支持控股股东的投资建议，结果导致通过关联投资来转移公司的资金，即存在掏空公司的"隧道效应"，从而影响企业未来的投资效率。在公司治理结构并非完美的市场中，管理层可能会选择通过资本运作手段，将超募资金投向非效率性的投资项目中，以谋取最大化的自利，为此，完善公司治理机构是应对良策。

（二）心理账户理论与超募自由现金流

作为行为经济学的奠基人以及决策心理学领域最有影响的学者之一，美国芝加哥大学的理查德·塞勒教授（Richard Thaler）获得 2017 年的诺贝尔经济学奖。心理账户（mental accouting）理论就是他的重要学术贡献。心理账户理论认为，日常生活中，人们对物品有分门别类管理的习惯，而对于拥有的钱和资产，人们也会根据自己的判断将它们进行归类，区别对待，在心目中设立各种各样的账户，从而管理、控制不同账户的消费和投资等行为。

心理账户理论给我们以很好的启示。人们在做决策之前，一般都会根据自己的"心理账户"来决定事情的重要性，进而决定取舍，即在决策过程中，决策者的心理与行为，如情感情绪、价值权衡、诚信品德、风险判断、心理偏好等都是影响做出最终决策的重要因素，因而使得决策过程呈现出种种非理性特征。可见，心理账户理论也能很好的解释个人理财的选择，因为如果一个人在心理上事先把一部分钱归入了"救命"的账户中，他一般就不会产生挪用的念头；而某一部分钱获得的容易又无特定未来用途，则被挪用的可能性会大大增加。

企业作为一个法人，当然无心理活动过程，但控制企业资源的管理层是存在"心理账户"的，并通过公司内部决策机制，将管理者的心理活动转变成公司的决策。企业的融资方式往往会影响高管的"心理账户"，从融资的经济后果看，特定的融资方式总是与融资成本、融资风险和治理效应连在一起的，如债务资金的融资成本高，须到期还本付息，融资风险高，对企业高管心理带来一定的压力，所以债务资金的投向往往小心谨慎，项目的风险性备受高管重视；而股权融资的经济后果却是另一番景象，尽管股权融资的治理效应较为显著，但股权现实融资成本较低，作为永久性资本，无须偿还，融资风险较低，高管在投资决策中易形成乐观情绪。至于 IPO 形成的超募资金，实质上就是企业的"自由现金流"，从高管心理来分析，只是 IPO 的副产品，公司对该部分资金无实质性要求，可以说超募资金的使用属于"无成本、无风险、无治理性"的"三无"要求，未来投向何方，投资到哪个领域，属于"心理账户"中最灵活的那个资金账户，高管在非理性状态下做出的决策往往是有失偏颇的，其结果自然会对投资效率产生实质影响。

自由现金流的存在往往会诱发企业非效率投资行为，原因在于管理层的薪酬在一定程度上与企业的规模挂钩，管理层为实现个人收入函数的最大化，有强烈动机将暂时闲置的"自由现金"投向既有项目或新增项目中，相对忽视了投资项目的风险和收益，由此出现非效率问题。有学者通过实证研究发现，过度投资显著地集中在那些拥有自由现金流的上市公司中；企业内部现金流越多，企业的投资支出越多，相同投资机会但不同内源融资显现出完全不同的投资支出水平。这些为我们研究 IPO 股权超募形成的"自由现金流"的投资效率问题，提供了理论借鉴。

三、超募资金对投资行为影响的作用机理

从大量的研究结论和市场数据表现来看，信息不对称的问题在我国资本市

场和上市公司内部都广泛存在。相较大企业而言，中小上市公司的信息不对称现象更加明显。首先，中小上市公司（创业板和中小板）上市规则设立的资本规模准入门槛较低，在外部市场中的竞争力有限，资本的约束使得公司难以达到最优的投资规模；其次，中小上市公司基本上都是民营企业，家族治理特征明显，内部治理机制尚不够健全，委托代理成本较高，管理层为实现个人利益目标而进行的盲目扩张和多元化战略，可能会导致过度投资问题。因此，投资不足和投资过度风险都可能普遍存在于我国中小上市公司中。

相较而言，创业板作为新兴资本市场所具有的一些特质可能会使得过度投资问题更为严峻。创业板上市公司大多处于快速成长阶段，对于自身价值和盈利能力的认知还处于初级阶段，一旦经营现金流和融资现金流发生较大改善，企业的投资规模也会随之而发生变化。首先，创业板公司上市最初几年容易出现投资规模急剧放大，甚至投资于一些 NPV 为负的项目，这正是典型的过度投资表现；其次，我国创业板上市公司大股东持股比例较高，管理层中的重要岗位基本上由大股东担任，公司治理架构难以对公司管理层形成有效的监督，无法遏制管理层追求私利的道德风险。这使得管理层拥有更大的投资自主权和过度投资的倾向。因此，我国创业板上市公司投资过度可能比投资不足更为严重。

IPO 超募形成的"自由现金流"超募可能会加剧过度投资风险。理论上，自由现金流可定义为超过所有净现值为正的投资项目所需资金之外的现金。但是，我们无法在实务中清晰地识别出，哪些项目的净现值为正，哪些项目的净现值完全就是负值，这就给管理层实施过度投资留下了借口。在企业申请上市时，为了能确保 IPO 过会，对于招股说明书所列举的募投项目，我们有充分的理由认为项目的净现值为正，而募投项目之外的那些投资项目可分类为不能被准确地认定为净现值为正的项目。

由于公司管理者和股东存在利益上的冲突，超募资金可能在后期被管理层用于规模扩张、多元经营和兼并收购，过度投资的风险也会因此进一步放大。另外，IPO 超募也会给企业带来充足的内部周转资金，能够缓解企业面临的融资约束。当然，在外部融资成本攀升时，公司会压缩外部融资规模，转而通过内源性融资筹措项目资金，该期间的投资与公司内部现金流的充足性存在一定的关联关系，这种关系体现为投资不足。IPO 股权融资正是为了潜在的投资项目进行融资，尤其是 IPO 超募资金更是锦上添花，使得公司不必过度依赖内源融资。因此，公司的投资现金流敏感性会大大降低，投资不足的困境得以缓解。

四、投资效率评价方法

投资活动的效率通常可从过程来评价，也可从运营的结果来评价，财务评价通常是从投资的结果来进行的。投资效率反映企业投资活动所得与投入之间的比率关系。透过投资效率指标，也可以判断企业投资是否为非效率投资，即投资过度或投资不足。衡量企业投资效率，可以采用传统财务指标方法，如投资收益率、经济增加值（EVA）等，也可以使用模型方法来分析，这也是学术研究常用的方法。为后续进行实证研究，这里介绍三种投资效率评价模型。

（一）FHP 模型方法

FHP 模型最早是由法扎里、哈伯德、彼得森（Fazzari，Hubbard and Petersen）三位学者在 1988 年提出的。该模型以信息不对称为理论基础，通过建立投资效率的衡量方法，创造性地提出了融资约束假说，并构建了 FHP 模型，从投资支出对现金流的敏感性这一点切入，较为系统地评价了现金流充裕公司的投资支出行为。

FHP 模型在实际使用当中也存在一些问题：（1）该模型并未对非效率投资行为进行具体的区分，在实际运用中有一定的局限性。（2）该模型仅将融资约束纳入其中是不够的，现实中影响投资效率的因素较为复杂，如企业规模、企业性质、发展阶段、行业特点、高管个人偏好和企业内部治理等。（3）该模型采用股利支付率指标来区分企业的融资约束程度，但我国资本市场的股利政策处于不断变化之中，且企业的性质也在一定程度上对现金股利政策影响很大。（4）托宾 Q 作为替代指标也存在一定的问题。托宾 Q 并不能很好地衡量投资机会，它是通过企业资本市场价值与重置成本的比率计算的，并不是一个绝对值而是平均值，在这样的计算过程中误差难免存在。

（二） Vogt 模型方法

与 FHP 模型相同的是，Vogt 模型也用以研究企业投资和现金流两者的关系，不同之处在于，Vogt 模型包容了更多的影响因素，包括现金流、现金存量、销售收入、托宾 Q 以及现金流与托宾 Q 交乘项等，借以判别非效率投资。Vogt 模型中包含了投资机会、企业现金流以及投资机会和现金流乘积等一系列指标，并且以传统的融资优序理论、融资约束假说或自由现金流假说几种理论为研究基础，通过模型中的乘积项系数符号的情况来具体判断公司到底是处于投资过度还是投资不足。Vogt 模型中乘积项的正负方向能够用来对公司的投资效率进行定性的判断，但是要想定量准确地计量投资过度和投资不足的具体程度还需要加以改进。除此之外，在这一模型中使用托宾 Q 来评价企业投资机会也会存在计量偏误问题。

（三） Richardson 模型方法

Richardson 模型最大的独特之处在于把企业的投资支出细分为两部分，即资本保持支出和新投资项目支出，在此基础上，企业新增加的投资支出又可分为两个部分：

$$\mathrm{Invest_{new}} = \mathrm{Invest_{new}^{*}} + \mathrm{Invest_{new}^{\varepsilon}}$$

上式中，$\mathrm{Invest_{new}}$ 是企业新增加的投资支出，$\mathrm{Invest_{new}^{*}}$ 是企业预期的投资支出，$\mathrm{Invest_{new}^{\varepsilon}}$ 是企业非预期的投资支出。在建立新增项目投资的多元线性回归模型，并充分考虑新增项目投资的影响因素后，便可得出企业的预期投资支出的结果。

企业实际新增项目投资支出和预期投资支出之间产生的差额，即模型中的残差值，是不能被正常投资支出的变量解释的部分，即其可以用来衡量企业非预期的投资支出。当残差大于 0 时，表示企业进行了过度投资；当其小于 0 时，表示企业的投资不足。因此，残差绝对值表示企业非效率投资水平的高低。相比较 Vogt 模型，Richardson 模型能较为准确地衡量出企业在某一年度的非效率投资水平。

第二节　超募资金非效率投资现状与成因分析

一、上市公司超募资金管理制度

随着 2009 年创业板的开版，中国资本市场的 IPO 定价规则发生了极大的变化，即公司 IPO 采取完全市场化的询价机制，其结果是价格飙升，直接导致 IPO 巨额超募现象。为规范超募资金的监管，监管机构和上海、深圳交易所专门出台超募资金的管理制度，具体如在 2009 年 9 月 15 日深圳证券交易所（以下简称"深交所"）颁布《中小企业板信息披露业务备忘录第 29 号：超募资金使用及募集资金永久性补充流动资金》这一管理办法，该规定中要求，超募资金同样需要进行专户管理。一般地，超募资金的使用要符合企业的实际生产经营活动的需要，其使用也有一定的先后顺序：首先，要用来补充募投项目资金缺口；其次，用于投资企业的在建项目及新增项目；再次，可以考虑归还公司所欠的银行贷款；最后，补充企业的流动资金周转需求。

管理办法中还规定，企业在使用超募资金偿还银行贷款或补充流动资金时，必须要符合下列要求：（1）企业最近 12 个月内没有投资于证券等高风险投资领域。（2）企业应承诺偿还银行贷款或补充流动资金后 12 个月内不投资于证券等高风险投资领域并对其进行外部披露。（3）应根据企业的实际需求偿还银行贷款或补充流动资金，原则上不能够一次性补充流动资金，并且企业还应对外披露偿还银行贷款或补充流动资金的详细计划以及其必要性；年度募集资金使用说明应当阐明流动资产的具体补充情况。

相关法律法规指出，当上市公司在在建项目与新项目上使用超募资金时，项目工程的具体进度要和超募资金相一致；当子公司具体实施该项目时，需要建立相应的募集资金专户，随时管理超募资金。当这部分资金只用于子公司的增资时，此时对其处理的方法需要参照上面所述的超募资金偿还银行贷款或补充流动资产的具体规定。当上述资金投入新项目或者用于现有在建工程时，必须经过董事会的审议，然后再由独立董事和专业保荐机构出具专项意见。

因此，我们不难发现的是，深交所不断加强对超募资金的监督和管理，特别是在相关规定中明确指出对超募资金需要进行专项专户管理，这在很大程度上对我国上市公司超募资金的使用制定了进一步的指导性规范指南。同时，管理办法对超募资金补充流动资金也做出十分严格的限制，对超募资金的使用做出了顺序指引，使公司滥用超募资金的可能性大大降低，超募资金的使用监管更加严格。最后，深交所还从独立第三方的角度对上市公司超募资金进行了相应的约束。

2010 年 1 月 5 日，深交所发布了《创业板信息披露业务备忘录第 1 号——超募资金使用》管理规定，该备忘录后于 2012 年 8 月和 2014 年 12 月进行了修订。修订后的备忘录考虑到上市公司普遍存在对超募资金及闲置募集资金进行现金管理以提高资金使用效率等方面的需求，主要有三大变化：（1）明确允许对超募资金进行现金管理，但规定投资对象须为流动性好、安全性高、由商业银行发行并提供保本承诺、期限不超过 12 个月的投资产品；（2）对补充流动资金及偿还银行贷款适度放宽，除用于偿还银行贷款和补充流动资金外，上市公司单次计划使用超募资金须经股东大会审议的标准由超募资金总额的 20% 上调为 30%，上市公司使用闲置募集资金暂时补充流动资金单次使用时限由 6 个月上调为 12 个月；（3）简化超募资金使用的审议程序，将超募资金使用计划与实际使用两个环节的审议与披露要求进行合并，进一步便利创业板上市公司超募资金的使用。

二、上市公司 IPO 超募现状分析

从 2009 年 10 月创业板开板至 2012 年 11 月期间，在中小板和创业板上市的公司均不同程度地存在股权超募现象，但自 2012 年 11 月 2 日浙江世宝上市以来，IPO 便陷入停摆，直至 2014 年 1 月 17 号重启 IPO 时，证监会强化了窗口指导，将首发定价限制在 23 倍市盈率以内，也基本阻滞了超募资金的源头。下面分别就 2009～2012 年期间中小板和创业板市场的股票超募资金情况做进一步分析。

（一）市场 IPO 超募资金整体情况分析

1. 创业板 IPO 超募程度分析

创业板公司 2009 年一共上市 42 家，首发募集资金净额为 231.47 亿元，首发预计募集资金净额共计为 95.65 亿元，超募资金总额为 135.81 亿元，平均每家创业板公司的超募额为 3.23 亿元。

而到了 2010 年上市的创业板公司达到了 116 家，首发募集资金净额为 916.81 亿元，超募资金总额为 628.78 亿元，平均每家创业板公司的超募额 5.42 亿元，平均超募率为 218.68%。

创业板 2011 年共有 127 家公司成功上市，首发募集资金净额 675.88 亿元，超募资金总额为 376.99 亿元，平均超募率为 126.12%。

2012 年创业板共上市 72 家公司，首发募集资金净额减少到了 310.89 亿元，超募资金总额共计 125.19 亿元，平均每家创业板公司超募额为 1.74 亿元，平均超募率为 67.42%。

由 3－1 我们可以清晰地看到，从 2009 年开始，我国创业板上市公司的数量基本呈现逐年递增的情形，这得益于我国对 IPO 政策的放开。

表 3－1　　　　　　2009～2012 年创业板公司资金超募情况

年份	上市数量 （家）	募集资金 净额 （亿元）	预计募集 资金净额 （亿元）	超募额 （亿元）	平均超募额 （亿元）	平均超募率 （%）
2009	42	231.47	95.65	135.81	3.23	143.12
2010	116	916.81	288.03	628.78	5.42	218.30
2011	127	675.88	298.90	376.99	2.97	126.12
2012	72	310.89	185.70	125.19	1.74	67.42

资料来源：Choice 数据库。

从表 3-1 中不难发现，在近四年来，2010 年的超募资金达到了峰值，而且超募率也是最大值。在 2008 年全球金融危机之后，世界经济尤其是我国经济迅速复苏，资本市场投资热情渐渐回暖，加之创业板相关上市公司都具有成长性高、代表高新技术企业发展方向、国家政策扶持等特点，这在一定程度上吸引了众多投资者对该类公司进行相应的投资，其上市募集资金也随之增加。

2. 中小板 IPO 超募程度分析

中小板公司 2009 年一共上市 57 家，首发募集资金净额为 421.39 亿元，首发预计募集资金净额共计 221.08 亿元，超募资金总额共计 200.31 亿元，平均每家中小板公司超募额为 3.51 亿元，平均超募率为 90.61%。

2010 年一共上市 199 家公司，剔除 1 家数据缺失公司（山西证券），一共有 198 家。其中，首发募集资金净额为 1 848.83 亿元，首发预计募集资金净额共计 772.12 亿元，超募资金总额共计 1 076.71 亿元，平均每家中小板公司超募额为 5.44 亿元，平均超募率为 139.45%。

2011 年一共上市 113 家公司，首发募集资金净额为 934.77 亿元，首发预计募集资金净额共计为 508.63 亿元，超募资金总额共计 426.14 亿元，平均每家中小板公司超募额为 3.77 亿元，平均超募率为 83.78%。

2012 年一共有 52 家公司上市，其中剔除 1 家数据缺失公司（西部证券），一共有 51 家，首发募集资金净额为 281.55 亿元，首发预计募集资金净额共计 182.75 亿元，超募资金总额共计 98.80 亿元，平均每家中小板公司超募额为 1.94 亿元，平均超募率为 54.06%。

从表 3-2 可以看到，中小板市场和创业板市场呈现出相同的巨额超募现象，并且从宏观角度看，中小板上市公司超募资金数额绝对值大于创业板上市公司的超募资金总额，究其原因，很大程度上可能是中小板公司规模大多数都大于创业板公司规模所致。微观上看，2010 年中小板公司同创业板公司相同，无论是上市公司数量还是上市公司超募资金总量，都呈现爆发性增长状态，并且当年的超募率也是稳居 4 年榜首，预测这种现象与市场经济整体回暖、投资者投资热情恢复以及投资者投资跟风的"羊群效应"有关。

表 3 - 2   2009～2012 年中小板公司资金超募情况

年份	上市数量 （家）	募集资金 净额 （亿元）	预计募集 资金净额 （亿元）	超募额 （亿元）	平均超募额 （亿元）	平均超募率 （％）
2009	57	421. 39	221. 08	200. 31	3. 51	90. 61
2010	198	1 848. 83	772. 12	1 076. 71	5. 44	139. 45
2011	113	934. 77	508. 63	426. 14	3. 77	83. 78
2012	51	281. 55	182. 75	98. 80	1. 94	54. 06

资料来源：Choice 数据库和 iFind 数据库。

还有一点值得关注的是，在 2009 年到 2012 年之间上市的 421 家中小板公司中，剔除两家数据缺失的公司后，余下的 419 家中小板公司中一共有 23 家 IPO 超募资金为负数，没有达到其预计募集资金额度，占总数的 5.52%。而这种比重在同一时期上市的创业板公司板块中仅占 2.26%。

中小板未达到募集资金额的比率是创业板公司的 2.44 倍，可以看出，机构投资者和公众对于创业板公司的投资热情和期望回报值远高于中小板公司，其原因可能是投资者对我国创业板上市公司首次上市的期望较高。

（二）分行业超募程度分析

1. 创业板分行业超募程度分析

本书依据证监会发布的 2012 年修订版《上市公司行业分类指引》，从国泰安数据库中取得创业板公司行业分类数据，结合其各自的超募融资情况，整理归纳如图 3 - 1 所示。

据统计，创业板公司 2009 到 2012 年间，一共有 39 个行业的公司陆续上市。其中，计算机、通信和其他电子设备制造业以及软件和信息技术服务业这两个计算机通信行业占比最多，数量占创业板公司上市总数的 28.622%，而且不只是上市公司的数量，它们的超募额累计比率也与之相匹配，都占到了绝对的优势，这和国家政策对创业板公司为高新技术行业提供融资渠道的最初创办理念是有直接关系的。

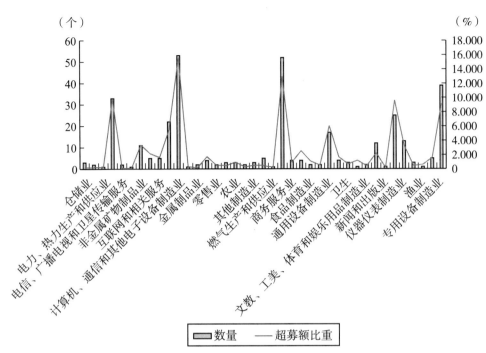

图 3 – 1　2009 ~ 2012 年创业板公司的行业金额结构分析

资料来源：CSMAR 数据库。

从另一方面看，在很多行业，资金超募额和与之相对的数量比重从匹配的角度来看同样具有巨大的关联性，医药、生态保护和环境治理、广播四个行业资金超募额的占比和其绝对数额都高于正常的平均数值，其超募比重偏高在一定程度上体现了公众对这些领域的需求和期望所在，与我国目前这些领域的发展现状也是吻合的。

2. 中小板分行业超募程度分析

同创业板公司模式，根据证监会发布的 2012 年修订版《上市公司行业分类指引》，本书从国泰安数据库取得中小板公司行业分类相关数据，并结合其各自的超募融资情况，整理归纳如图 3 – 2 所示。

依据证监会 2012 年修订之后的行业分类标准，我们可以清晰地看到中小板上市公司相比于创业板上市公司分布十分分散，上市的行业总数达到了 48 个。其中，计算机、通信和其他电子设备制造业数量占比最多达 10.74%，这种现象不仅出现在创业板市场上，在中小板市场同样凸显，这和市场需求与国家对相关的产业政策扶持是密不可分的。占比第二的电气机械及器材制造行业占比与计算机、通信制造业相当，总比重达 10.50%。作为现代科技领域的核心学科之

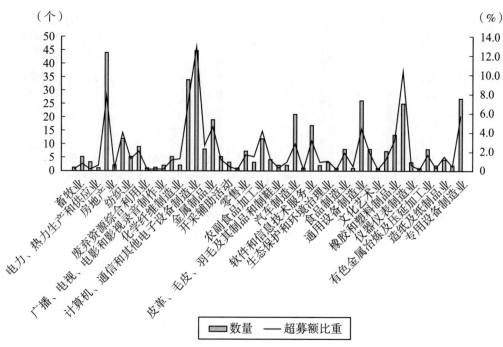

图 3 – 2　2009 ~ 2012 年中小板公司的行业金额结构分析

资料来源：CSMAR 数据库和 iFind 数据库。

一的电器工程，在信息时代当中对技术的发展提供了必要的保障并奠定了坚实的基础，这也在一定程度上体现了信息智能科技化大趋势。

另外，如图 3 – 3 所示，从行业角度出发整体分析中小板市场和创业板市场的差异。首先，从图中可看出，中小板上市公司按行业细分的超募资金规模整体较大。其次，通过对两个市场的平均融资规模的差距进行大小排序深入分析发现，数量都占两市场第一的计算机、通信和其他电子设备制造业中小板公司单

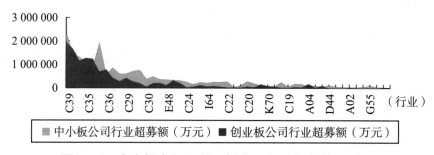

图 3 – 3　中小板市场和创业板市场行业超募情况对比

资料来源：CSMAR 数据库。

位超募资金是创业板的 1.39 倍，占比都较高的专用机器设备制造中小板单位公司超募额是创业板的 1.28 倍。可以看出中小板公司无论是行业整体超募额水平还是行业内平均每个公司的单位超募水平都高于创业板公司。

三、IPO 超募资金使用结构分析

（一）创业板公司超募资金使用结构分析

从 2009 年 IPO 重启到 2012 年之间，创业板公司一共上市 354 家，存在超募的一共有 347 家，占上市公司总数的 98.02%。其间，整个创业板市场超募资金总额共计 1 266.77 亿元，公布的计划投入使用超募资金额 922.79 亿元，占总超募额的 72.85%，未公布使用用途的达 27.15%，整体超募资金使用率较高。目前已公开披露的使用情况如图 3 - 4 所示，需要说明的是，书中所使用的所有数据均摘抄自上市公司招股说明书、年报等有关超募资金的专项报告，并通过手工搜集整理而成，其中所使用的原始数据均来自 iFinD 和 CSMAR 数据库。

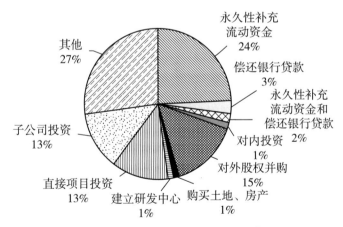

图 3 - 4　2009 ~ 2012 年创业板市场超募资金用途

资料来源：iFinD 数据库。

从图 3 - 4 可看出，大部分拥有超募资金的公司会选择将超募资金用于永久性的补充流动资金和偿还银行贷款，总额约为 366.97 亿元，占总超募资金的

28.97%，流动资金主要用于采购原材料、支付费用等正常经营活动；大部分创业板公司也偏向于将超募资金投向与主营业务有关的相关活动，如将资金用于收购优质资产、建设未来现金流量为正的项目等，所用的资金总量为 506.47 亿元，占总超募额的 39.98%，其中，对外股权并购和对子公司的投资成为上市公司巩固自身经营地位、扩大业务范围的重要手段，超募资金为公司的战略规划提供了资金支持。

另从图 2 - 1 可观测出，随着新股发行体制改革不断深入，创业板公司总体的超募规模正逐年减少。除去 2010 年创业板公司爆发式增长一年，上市的创业板公司 2009 ~ 2012 年间单位超募额分别为 3.23、2.97、1.74，呈逐年递减的特征，超募现象明显得到改善。

（二）中小板公司超募资金使用结构分析

在 2009 ~ 2012 年的 4 年之中，我国资本市场共上市中小板公司 419 家，存在超募的一共有 396 家，占到了所有上市公司总数的 94.51%。其间，整个中小板市场超募资金总额共计 1 801.96 亿元，公布的投入使用超募资金额 1 121.19 亿元，占总超募额的 71.32%，未公布使用用途的达 29.68%。目前已公开披露的使用情况如图 3 - 5 所示。数据同创业板公司数据来自 iFinD 同花顺数据库，再通过笔者手工搜集整理而成。

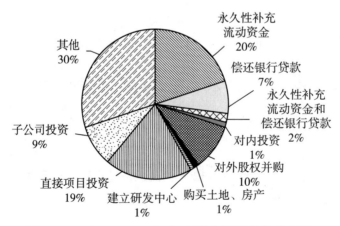

图 3 - 5　2009 ~ 2012 年中小板市场超募资金用途

资料来源：iFinD 数据库。

　　从数据中不难看出，中小板上市公司和创业板上市公司基本都将超募资金用于下列用途：在所有可用的 1 801.96 亿元超募资金之中，将大约 533.01 亿元的资金用来永久性补充企业的流动资金以及偿还银行贷款，这一部分资金的数额占到了总超募资金的 29.58%，这里的流动资金被用于支持日常的经营活动，如支付生产费用、购买原材料等；除此之外，还有资金数额大约为 696.18 亿元的超募资金额被用在了企业对外投资、项目建设或资产收购等和企业的主营业务相关的投资活动中，这部分资金大约占总超募额的比重为 39.63%。从整体来看，因 2010 年出现爆发式增长的现象，遂将这一年数据剔除，我们可以清晰地看到 2009～2012 年中小板公司的单位超募额分别为 3.51、3.77、1.94，呈现出了一个逐年持续递减的态势。

　　就我国当前深圳证券交易所上市的中小板和创业板上市公司来看，公司都在很大程度上利用了这些超募资金，并未出现严重的资金闲置现象。而从资金的具体使用状况来看，中小板和创业板上市公司将近 1/3 的资金都用于偿还银行贷款和补充流动资金的不足，这同时也反映了我国中小型企业对流动资金需求量比较大，行业整体状况较差，多数公司倾向于降低债务资本所占的比重，希望减少债务融资方面所付出的费用，改善公司的资本结构。其实这也从另一个方面折射出我国中小板和创业板上市公司资金管理能力不足，公司投资和管理风险较大。

四、IPO 超募资金非效率投资的成因分析

（一）超募资金非效率投资现状

　　尽管监管部门和深交所规范了上市公司超募资金使用范围，但实际执行情况仍不是很乐观。据《投资者报》研究统计，2009 年 6 月 IPO 重启以来至 2014 年 3 月，创业板的超募资金使用率仅为 65%，超募资金总额为 686 亿元，其中近 80% 并未投入实际经营过程中；计划补充流动资金达 282 亿元，实际结转的为 249 亿元；计划归还银行贷款的超募资金为 86.5 亿元，实际归还的为 86.3 亿元；计划购买土地的资金为 10.5 亿元，已投入的资金为 9.2 亿元。除去上述用

途之外，还有很大一部分闲置的超募资金被用于理财产品的购买，超募资金脱离主业现象非常普遍。

然而，超募资金的再投入对上市公司来说意味着什么？能否借此带来企业规模的扩张，竞争地位的稳固，收益的增长？答案似乎是否定的，这不免会引起市场的担心，下面以代表性"超募大户"北京神州泰岳软件股份有限公司[①]（以下简称"神州泰岳"）为例，分析超募资金投入的效率问题。

神州泰岳是创业板第一批上市公司，于 2009 年 10 月 30 日挂牌上市，发行 3 160 万股，发行价格 58 元/股，募集资金总额为 1 832 800 000 元，扣除各项发行费用 129 436 871 元，公司募集资金净额为 1 703 363 128 元，本次超募资金总额为 1 200 835 128 元。以上募集资金已由立信会计师事务所有限公司于 2009 年 10 月 9 日出具的《验资报告》验证确认，公司已按相关监管要求对募集资金采取了专户存储管理。对于 IPO 超募融资，神州泰岳做出以下投资安排：

2010 年 3 月 14 日，公司第三届董事会审议通过《关于超募资金使用计划及其实施的议案》，将超募资金 25 453.85 万元用于研发及办公用房的建设。

2010 年 5 月 28 日，公司第三届董事会审议《关于超募资金使用计划及其实施的议案》，将超募资金 1 080 万美元用于收购微软中国投资控股有限公司所持有的大连华信计算机技术股份有限公司 1 200 万股股份；使用超募资金 10 330 万元在重庆高新区设立全资子公司。

2010 年 11 月 23 日，公司第四届董事会第八次会议审议通过了《关于使用部分超募资金收购北京友联创新系统集成有限公司的议案》，使用超募资金 5 900 万元收购北京友联创新系统集成有限公司 100% 的股权。

2011 年 3 月 6 日，公司第四届董事会第十次会议审议通过《关于使用部分超募资金收购及增资奇点新源国际技术开发（北京）有限公司的议案》，计划使用超募资金 2 050 万元对奇点新源国际技术开发（北京）有限公司进行收购及增资。

2011 年 6 月 29 日，公司第四届董事会第十四次会议审议通过《关于使用部分超募资金收购宁波普天通信技术有限公司的议案》，公司计划以不超过超募资金 24 000 万元收购孙海粟等自然人持有的宁波普天通信技术有限公司全部股权。

---

① 资料来源：作者根据神州泰岳官网信息整理。

2011 年 9 月 21 日，公司第四届董事会第十六次会议审议通过《关于使用部分超募资金设立香港全资子公司的议案》，计划以超募资金出资 3 550 万元人民币设立香港全资子公司，用于海外市场销售网络建设及海外市场开拓。

神州泰岳公司的主营业务包括软件与信息服务、互联网游戏等，公司在两年内陆续投资使用超募资金仅 8 亿元投资了 6 个项目，超募资金使用率近 70%，尚有 4 亿元左右超募资金闲置。应当说，公司的项目投资相对较为分散，并未能实现集中资本优势做大某一主营业务的战略。神州泰岳超募投资情况仅是众多创业板和中小板上市公司超募投资的缩影。

（二）上市公司超募资金投资效率低的原因

1. 上市公司治理机制不完善

完善的公司治理总是伴随着公司决策的制度化和程序化。中小板和创业板上市公司基本是清一色的民营企业或家族企业，董事会结构也体现出明显的家族化特点，而关键的管理层岗位也由控股股东把持着，在此背景下，公司的投资决策必然体现控股股东的意志。从超募资金的投资决策看，只要大股东和管理层看中的项目，往往很容易在董事会和股东大会中通过。至于为什么选择这些项目，必然体现控股股东和管理层的利益，如管理层可能会考虑投资规模与个人收入之间的函数关系，而控股股东也会考虑项目选择对股东财富的影响，以及关联投资项目可能带来的利益输送等。相比较而言，国企超募资金的投向相对要规范些。

另外，某些中小上市公司追求不切实际的盲目扩张，借助超募资金的契机，实施战略转型，进入自己不熟悉的领域，无疑将增加投资的不确定性。甚至有些企业希望通过溢价并购，转移上市公司的资产，特别是在海外高价并购，形成巨额的并购商誉。通过以上方式，转移超募资金，实现控股股东私利的最大化，这也引起了监管层和市场的高度关注。

2. 保荐机构监督缺位

保荐机构在上市公司超募融资的持续监督过程当中起到了尤为重要的作用，保荐机构监督的缺位和在利益面前的动摇会使得对超募融资的监督缺失。我国现行保荐机构持续督导为付费模式，这会在一定程度上导致创业板上市公司超募资金后续监督的空白，特别是对超募资金的投资效率并未纳入考核范围内，而这部分资金甚至远超过募投项目资金。由于保荐人对上市公司的持续督导费用往往在初始发行时就全部收到了，这就会导致保荐人没有动力对上市公司进行持续监督，而是每年仅流于报告的形式。

然而，在实际工作中，在收取了持续督导费用之后，保荐人对项目的后续持续监督便很少通过实地核查来进行，公司监管层也清楚保荐机构在意什么，便投其所好即可。按照规定，负责 IPO 项目的券商需要定期提交持续督导报告，并须对 IPO 项目募集资金的具体流向和实质用途进行核查，除此之外，相关部门还对如定期走访、上市公司信息披露等其他持续监督措施也进行了更为全面的加强。尽管制定了这些监管措施，事实上也无法解决对超募资金的有效监督问题。

3. 未将超募资金的投资效率列入再融资条款

目前，上市公司再融资的条款明确规定将考虑计划内募投项目的投资执行情况，但未将超募资金的使用效率包括其中。证监会在 2014 年 5 月发布的《创业板上市公司证券发行管理暂行办法》中就明确规定，上市公司发行证券再融资，要求"前次募集资金基本使用完毕，并且使用的进度以及效果要和企业披露的情况基本相符"，然而证监会在实际执行中也只要求上市公司对于剩余超募资金做出使用安排，只要符合相关规定，不存在违规使用超募资金的情况，证监会仍然会批准再融资方案。这就为很多创业板上市公司的"上市圈钱梦"提供了便利，一些创业板上市公司在先期募投项目尚未完成时又发布增发预案，拟再度从资本市场"伸手要钱"，这都是为了缓解流动资金的不足，而非用于相应的投资项目。然而从其历史募投项目来看，其实际完成情况并不理想。一些创业板上市公司为了再融资方案顺利通过证监会审核便在前期加快对超募资金的使用安排，存在滥用超募资金的情况，导致企业对超募资金的使用效率很低。

以汤臣倍健为例。该公司于 2014 年 7 月发布了非公开发行 A 股股票预案，最终非公开发行股份总量为 7 000 万股，募集资金总额为 18.66 亿元，扣除发行费用后，募集资金净额约 18.30 亿元，实现超募资金 12 亿元。根据证监会关于创业板上市公司再融资相关规定，公司不得出现违规使用超募资金的现象，对于未使用的募集资金应作出计划说明。因此公司在 2014 年 2 月将剩余约 1.3 亿元的超募资金用于永久性补充流动资金。这笔超募资金实际上并没有用于相应的投资项目。然而公司 2014 年各季度账面上现金资产充裕，公司并不缺钱。此外，汤臣倍健一直以来的高分红现象也充分说明公司现金资产充足。如表 3 - 3 所示，从 2013 年开始以后的 3 年时间里，公司的现金分红占净利润的比值分别为 77. 80% 、72. 43% 、68. 73% ，这一比值远远高于《公司法》要求的 10% ，通过现金的方式分红 10. 93 亿元，达到了定增金额的 58. 57% ，即只要汤臣倍健降低现金分红比率就完全有能力来完成企业的募投项目。[①]

表 3 - 3　　　　　　　　汤臣倍健 2013 ~ 2015 年现金分红情况

项目	2013 年	2014 年	2015 年	合计
现金分红金额（万元，含税）	32 808. 00	32 808. 00	43 680. 66	109 296. 66
归属于上市公司普通股股东的净利润（万元）	42 168. 63	50 259. 50	63 549. 61	155 977. 74
占比（%）	77. 80	72. 43	68. 73	70. 07

资料来源：相关数据来自汤臣倍健 2015 年报。

---

① 　资料来源：汤臣倍健 2015 年年报。

第四章
超募资金投资效率实证分析

第一节　理论分析与研究假设

上市公司 IPO 募集资金是指 IPO 实际融资额超过计划融资额的差额，是我国新股定价机制内在缺陷导致的结果。根据市场融资法规制度要求，公司 IPO 必须以实际项目为基础进行资金募集，在其招股书中必须明确各计划项目需要的资金，如因市场定价产生的超募资金，将会用于补充募投项目资金缺口，或者用于在建项目和新设项目，归还取得的银行存款，作为流动资金使用等。但超募资金的现实运用并不乐观，主要体现在两个方面：一是超募资金的投向；二是超募资金使用的效率。本章试图运用实证研究的方法，对超募资金投资的效率进行分析。

由于资本市场的非完全性，上市公司存在显著的信息不对称现象，不同的公司利益相关者对于公司决策的信息掌握程度存在显著差异，各个利益相关者之间的信息不对称也将导致道德风险和逆向选择现象的出现。在企业投资领域，信息不对称也会带来投资市场的摩擦，具体来说，企业内部管理层在面对高质量的投资项目时，由于各种原因无法向市场其他相关者传递完整信息，造成了内部信息的不对称，外部利益相关者，如债权人或股东无法有效地对公司投资项目进行评估，从而不愿为企业提供充足资金或者对所提供资金要求较高的回报，导致企业的融资约束增大，企业可能会因此失去很多好的投资机会，从而造成投资不足，表现为较低的投资效率。

一方面，由于信息不对称，投资者往往会高估企业的价值，从而导致股票的溢价发行，使企业获得较多的超募资金，产生大量的自由现金流，最终导致企业可能会投资净现值为负的项目，形成投资过度现象。而另一方面，企业由于可能暂时没有获得较好的投资机会而选择不投资，由于信息不对称问题的存在，企业未能在市场上捕捉到有价值的投资项目，导致自由现金流不能得到充分的配置，无法为企业带来应有的价值，又形成了投资不足。可见，资本市场中所存在的信息不对称问题以致企业价值被高估是导致股票溢价发行的重要影响因素，所形成的超募资金，由于信息不对称问题，形成超募资金的非效率投资，可能形成投资过度或投资不足。

中小板和创业板上市公司具有典型的家族企业特点，相比较大型企业而言，民营企业的治理效率相对低下，中小股东的代理成本较高，股权超募资金的使用效率受到市场的普遍质疑，遂提出如下假设：

假设1：中小上市公司的超募融资与投资的非效率性存在正相关关系。

而在委托代理理论下，股权超募带来的"自由现金流"可能涉及两类代理问题：一类是管理者与股东之间的代理问题，当企业有闲置的自由现金存在时，这些资金往往控制在管理层手中，股东仅能从治理层面来强化对管理层的约束，管理层会控制资金投向的节奏来迎合公司的业绩考核指标，这无疑会在一定程度上损害投资者的权益，资金被投向了有利于企业规模扩大但盈利性较弱的项目当中，严重的甚至会导致过度投资，委托代理问题进一步加剧。大股东可能更加青睐有助于企业规模扩大的投资项目，利用"隧道效应"来攫取小股东的利益。上述行为导致的结果就是，大股东获得的股权会随着企业委托代理问题的加重而加重，显然这会加剧大股东通过实施过度投资这一行为来获得更大利益的意愿。另一类代理问题是大股东与中小股东之间的代理问题，管理层出于规避风险的目的，会选择不作为来放弃一些净现值大于零的投资项目，主要原因是管理层认为他们的付出并没有得到应有的薪酬奖励，从而引发投资不足；而股东与管理层之间的委托代理问题会使得管理层同样出于"安全"的目的考虑，只选择低风险的项目进行投资，同时放弃了一些会给自己职业生涯带来风险的项目，由此引发投资不足。由于大股东可能安排公司以高于市场水平的价格购买自己的资产或者投资能为自己带来利益的净现值为负的项目，从而导致投资效率的下降。

从公司治理效率角度看，目前有股东治理学派和利益相关者治理学派。股东治理学派偏重于所有者（股东）的利益，探讨如何解决所有权与经营权分离导致的代理问题，化解所有者与管理者之间的矛盾，使两者之间的利益目标相一致，核心问题是如何确保资本供给者的利益，使股东得到预期的投资回报。而利益相关者理论学派则把其他利益相关者与股东放在相同的位置来阐述公司治理理论，公司治理应解决股东、董事会、高级管理人员（以下简称"高管"）和其他利益相关者等两两之间特定的问题，完善公司治理和决策的科学性和程序性，规范公司控制权或剩余索取权的一系列法律、文化和制度安排。可见，公司治理能够有效缓解企业投资的非理性行为，但是，由于无效的激励措施和信息不对称等问题，导致对管理层的非效率性投资缺乏有效地监督，使得公司治理作用未能充分有效发挥。在公司治理架构中，如何处理好大股东与中小股东的利益冲突，是提高治理效率的关键环节。对于超募资金的投向，往往大股东是存有私利的，如通过关联交易来安排资金的使用，达成掏空上市公司的目的，在双方博弈过程中，中小股东总是处于不利的地位，上市公司超募资金的投资效率往往受到很大的影响。基于前述分析提出以下假设：

假设 2a：中小上市公司的超募融资与过度投资存在正相关关系；

假设 2b：中小上市公司的超募融资与投资不足存在正相关关系。

第二节　研究设计

一、样本选择与数据来源

实证研究的数据选取 2009 ~ 2012 年之间在中小板和创业板市场上市的公司作为研究对象，原因在于：2009 年创业板开板后，IPO 定价发生实质性变化，上市公司 IPO 普遍存在"三高"现象，特别是中小上市公司更为严重，这种现象一直延续至 2012 年股票市场 IPO 停发。由于上市公司超募资金的投资效果有一定程度的滞后性，在探究投资水平和效率时需用上一年的数据进行分析，因此，超募资金的使用样本主要来自上述上市公司在 2009 ~ 2014 年期间的投资行为，经手工筛选，初步得到 3 008 个观察样本。样本公司的财务数据主要来自 CSMAR 数据库和 Wind 数据库，采用 Stata14.0 等软件进行相关的统计分析。

二、模型的构建

（一）投资效率模型

为了衡量中小上市公司的投资效率，本书参考理查森（2006）的残差模型进行度量，因为该模型相比于其他模型，不仅可以筛选出投资过度与投资不足，还能量化企业的非效率投资程度，可以使非效率投资更加直观地体现在数值上，已有学者如魏明海和柳建华（2007）、比德尔（Biddle，2009）、王善平和李志军（2011）以及艾斯多弗（Eisdorfer，2013）等人在研究这类问题时采用了此方法。书中引用修正后的 Richardson 残差模型作为衡量指标对企业的非效率投资问题进行分析，模型如下：

$$Investment_{t+1} = \beta_0 + \beta_1 Growth_t + \beta_2 Lev_t + \beta_3 Cash_t + \beta_4 Age_t + \beta_5 Size_t$$
$$+ \beta_6 ROE_t + \beta_7 Investment_t + YearDummies + \varepsilon_t \quad\quad (4.1)$$

1. 因变量——新增投资支出（Investment）

我国证监会和深圳证券交易所对企业超募资金的使用有严格的规定，企业非理性行为导致的非效率投资，主要集中体现在上市公司将其拥有的资金投资于主营项目上时的过度投资和投资不足，本书参考万伟、曾勇、李强（2013）和刘慧龙、王成方、吴联生（2014）的做法，将新增投资支出定义为资本支出与并购支出之和再减去出售长期资产收入和折旧，具体计算公式如下：

$$Investment = \frac{CapitalExp + AcquisitionExp - SaleLassets - Depreciation}{Asset} \quad\quad (4.2)$$

其中：CapitalExp 表示资本支出，为现金流量表（直接法）中的"购建固定、无形及其他长期资产的支出"；AcquisitionExp 表示并购支出，为现金流量表（直接法）中的"取得子公司及其他营业单位支付之和的现金净额"项目；Sale-Lasset 表示出售长期资产收入，为现金流量表（直接法）中的"处置固定、无形及其他长期资产收回之和的现金净额"项目；Depreciation 表示折旧，为现金流量表（间接法）中的"固定资产的折旧、油气资产的折耗和生产性生物资产的折旧"；Asset 表示公司的总资产，每个观测值均除以总资产，确保数据的可比性。

2. 自变量

（1）公司成长机会。

公司成长机会（Growth$_t$）是指企业 t 年的成长机会。在研究界，有很多用来衡量企业成长机会的指标，主营业务收入的增长率和托宾 Q 是其中应用的最广泛的指标。已有的文献表明，国外的大多数学者更常使用托宾 Q 来评价企业的成长机会，但国内学者更偏向于使用营业收入的增长率，他们认为国内的托宾 Q 可能存在人为因素的干扰，不能像国外那样体现出企业的真实情况，因此，本书选择主营业务收入的增长率来衡量企业的成长机会。现有研究结论指出，随着公司主营业务收入增长率的提高，其成长性和竞争力水平都会得到提高，结果导致管理者更容易进行过度投资。

主营收入增长率 =（本年营业收入 − 上年营业收入）÷ 上年营业收入

（2）资产负债率。

资产负债率（Lev$_t$）是指企业 t 年的资产负债率，企业由于进行举债经营，债务的偿还会促使企业的资金使用受限，直接表现就是由于债务到期必须偿还，而其投资回报也具有期限，因而企业的债务会直接影响企业的投资行为，企业负债率越高，债权人会对企业进行越多的监督，在一定程度上可以抑制企业的过度投资与投资不足。

资产负债率 = 年末负债总额 ÷ 年末资产总额

（3）现金比率。

现金比率（Cash$_t$）是指企业 t 年持有的现金及现金等价物水平，企业持有的现金水平越高，企业的自由现金流越多，由此更可能引发企业的过度投资行为；相反，当企业持有的现金水平不足以满足获得的投资机会时，则会引起投资不足。

企业现金比率 = 年末现金及现金等价物 ÷ 年末总资产

（4）上市年数。

上市年数（Age$_t$）是指企业上市后到 t 年时的年数。研究表明，企业在不同的生命周期会有不同的特征，其在投资方面也会存在较大差异，卡曼（A. K. Karman，1966）提出生命周期理论，该理论认为企业一般需要经历发展、成长、成熟、衰退几个阶段，当处在高成长时期时，企业由于业务量大而手里拥有较多的自由现金流，管理层通常会由于过度自信而高估未来的投资机会，从而更可能引发投资过度的现象；如果企业这时候正处于成熟期，由于管理层想实现自身利益最大化，其投资决策会更加保守，从而易引发投资不足行为。综上，企业的上市年数往往表征着企业的发展阶段，研究表明上市越久的公司，其越成熟，投资行为表现得越保守。

（5）公司规模。

公司规模（$Size_t$）是指企业 t 年的规模，学术界一般使用期末总资产的自然对数作为指标对其进行衡量。研究表明，公司自身规模与其投资规模存在显著的正相关关系，从委托代理理论来分析，管理层也更偏向于将大量资金用在扩大企业的规模上，从而引发投资过度。

（6）净资产收益率。

净资产收益率（Roe_t）是指企业 t 年的净资产回报率，计算方法是年末的净利润除以当年的加权平均净资产，一般认为企业的净资产收益率越高，企业的投资效率越高、绩效越好。将该变量加入模型中，主要是为了控制不同企业资产回报率的差异。

（二）超募融资与非效率投资行为关系模型

为了研究超募融资对企业投资效率的作用机制，本书基于超募融资对中小公司非效率融资的影响的角度来探讨这一关系。下面通过设置三个模型来进行验证。模型（4.3）中的残差 ε 可能小于 0，也可能大于 0，但均能衡量企业的非效率投资程度，为了验证上述的第一个假设，本书采用 InvestEff 衡量企业的非效率投资并作为因变量，这里 InvestEff 是模型（4.1）计算出来的残差的绝对值，由此构建如下回归基本模型：

$$InvestEff_t = \beta_0 + \beta_1 OF_t + \beta_2 Size_t + \beta_3 ROA_t + \beta_4 TAR_t + \beta_5 OCF_t + \beta_6 Share_t$$
$$+ \beta_7 Age_t + IndustryDummies + YearDummies + \varepsilon_t \qquad (4.3)$$

为了进一步验证假设 2 中超募融资对过度投资与投资不足的作用机制，本书对企业的非效率投资行为进行了进一步的划分，分别建立了模型（4.4）和模型（4.5）。把 2 649 个样本数据通过因变量分为两组，一组是过度投资（OverInvest），即模型（4.1）中残差大于 0 的样本数据，另一组是投资不足（UnderInvest），即模型（4.1）中残差小于 0 的样本数据，具体模型列示如下：

$$OverInvest_t = \beta_0 + \beta_1 OF_t + \beta_2 Size_t + \beta_3 ROA_t + \beta_4 TAR_t + \beta_5 OCF_t + \beta_6 Share_t$$
$$+ \beta_7 Age_t + IndustryDummies + YearDummies + \varepsilon_t \qquad (4.4)$$

$$UnderInvest_t = \beta_0 + \beta_1 OF_t + \beta_2 Size_t + \beta_3 ROA_t + \beta_4 TAR_t + \beta_5 OCF_t + \beta_6 Share_t$$
$$+ \beta_7 Age_t + IndustryDummies + YearDummies + \varepsilon_t \qquad (4.5)$$

1. 因变量

（1）非效率投资。

非效率投资（InvestEff）是用模型（4.1）中的残差 ε 来度量的，该变量值的大小表示企业非效率投资的程度，绝对值越大，表示投资效率越低。

（2）过度投资。

过度投资（OverInv）是企业非效率投资行为中的一种表现形式，若模型（4.1）中残差值大于 0，则该企业进行了过度投资。在实证分析验证中，将其作为模型（4.4）的因变量。

（3）投资不足。

投资不足（UnderInvest）是企业非效率投资行为中的另一种表现形式，与过度投资对立。若模型（4.1）计算的残差值小于 0，则该企业投资不足，本书将这一变量作为模型（4.5）的因变量。

2. 自变量

本书主要探究超募融资与投资效率的关系，并且超募融资是研究的解释变量，这里主要采用了四个指标来衡量企业的超募融资指标：一个虚拟变量（OFund）和三个连续变量（OFAsset、OFSum 和 OFRate），具体定义见表 4 - 1，从定性和定量两个方面考察超募融资对中小上市公司投资效率的影响。

3. 控制变量

（1）股权制衡度。

我们之所以选择股权制衡度（Share）这一变量作为控制变量，是由于有研究表明企业的投资行为受公司治理效率的重大影响。具体表现为，随着公司治理水平的提高，其发生非效率投资的可能性越低，而公司股权的制衡会约束大股东的投资行为，从而使得投资决策更加的符合更多投资者的利益，即会尽可能地提高投资效率，大股东为了侵占其他中小股东的利益，很可能会投资一些仅有利于自身的投资项目，而这些项目带来的收益却被大股东独享，所以会引起投资效率的一定损失。

（2）资产收益率。

资产收益率（ROA）是指企业整体资产的回报率，通常会与企业的投资效率紧密相关，当企业的资产收益率越高，往往意味着投资效率越高，与企业的非效率投资负相关。

（3）总资产周转率。

总资产周转率（TAR）是用来整体评价企业全部资产经营质量和利用效率的关键指标，一般用企业的营业收入除以总资产来衡量。周转率越快，表示企业的投资效率较高。

（4）经营活动现金流。

经营活动现金流（OCF）是将当年的经营活动现金净流量除以年末总资产，一个企业的现金净流量体现着资金流的情况，净流量越高说明企业的现金流较多，同时意味着拥有更多自由现金流的可能性更大，而自由现金流直接影响企业的投资行为：当面临好的投资机会时，投资效率会上升；当遇到不好的投资机会时，可能会导致投资过度，所以本书将经营活动现金流作为自由现金流的一个替代变量引入。

此外，控制变量还包括公司规模、上市年数等，已在模型（4.1）中作详细介绍，此处不再赘述。

三、变量定义（见表 4－1）

表 4－1　　　　　　　　　　　　变量定义表

变量符号	变量名称	计算方法与说明
InvestEff	投资效率	根据理查森（2006）方法估算的残差的绝对值
OverInvest	投资过度	根据理查森（2006）方法估算的大于 0 的残差
UnderInvest	投资不足	根据理查森（2006）方法估算的小于 0 的残差
OFund	是否超募	虚拟变量，超募额为正的取值为 1，否则为 0
OFAsset	实募资金比率	实际募集资金除以招股前净资产
OFSum	超募规模	实际募集资金减去预计募集资金后的自然对数
OFRate	超募率	实际募集资金减去预计募集资金后除以预计募集资金
Size	企业规模	对总资产取自然对数
Lev	资产负债率	总负债除以总资产
ROA	总资产收益率	净利润除以总资产

变量符号	变量名称	计算方法与说明
Cash	现金比率	现金及现金等价物除以总资产
Growth	营业收入增长率	当年营业收入减去上年营业收入后除以上年营业收入
Age	企业年龄	处理年份减去企业成立年份
TAR	总资产周转率	营业收入除以总资产
OCF	经营活动现金流	经营活动产生的现金流量净额除以总资产
Share	股权制衡度	第二大股东至第十大股东持股比例的平方和

第三节　实证结果分析

一、描述性统计

（一）样本分布

1. 2006~2014 年分上市年度和行业统计 IPO 公司数

纵观 2006~2014 年，在中小板和创业板上市的企业达到 1 152 家，由表 4-2 可知，2010 年上市的公司最多，达到 349 家，而 2006 年和 2014 年上市的公司最少，只有 66 家。

表 4-2　　　　　　分上市年度和行业统计 IPO 公司数　　　　　　单位：家

上市年度	非制造业	制造业	合计
2006	30	36	66
2007	47	79	126
2008	21	56	77
2009	42	57	99

上市年度	非制造业	制造业	合计
2010	98	251	349
2011	72	188	260
2012	34	75	109
2014	24	42	66
合计	368	784	1 152

资料来源：中国证监会网站，www.csrc.gov.cn。

2. 超募情况的初步分析

从 2008～2012 年上市公司的超募情况来看，2010 年的超募情况最严重，达到 288 家，2009 年 10 月 30 日创业板市场正式启动后，超募融资现象出现了井喷，其"高市盈率、高发行价和高超募"的"三高"现象也引发当时的热点话题，得到国内专家学者的热切关注。从数据来看，超募最少的情况是在创业板启动之前的 2008 年，由此看来创业板是引起资本市场 IPO 超募的主要原因（见表 4 - 3）。

表 4 - 3   **2008～2012 年中小上市公司超募与否情况统计**   单位：家

上市年度	没有超募	有超募	合计
2008	30	28	58
2009	7	82	89
2010	25	288	313
2011	17	224	241
2012	12	116	128
合计	91	738	829

资料来源：中国证监会网站，www.csrc.gov.cn。

从表 4 - 4 可以看出，超募资金比率平均值最高的年度为 2010 年，达到了净资产的 3.2 倍，但其标准差较大，说明每个公司超募的差异程度是比较大的，最小值仅是净资产的 0.133 倍，最大值却高达 13.32 倍，两者间相差近百倍，与表 4 - 2 的分析结果是一致的，最低为 2014 年。这是由于近年来证监会和交易所对发行价格和市盈率都有了更严格的要求，从而在一定程度上控制了超募融资的程度。

表4-4　全部A股超募水平（实募资金比率）分上市年度描述性统计

上市年度	样本数（个）	均值	标准差	最小值	中位数	最大值
2006	400	1.186	0.375	0.403	1.133	2.087
2007	776	1.489	0.563	0.297	1.362	3.859
2008	568	1.540	0.610	0.513	1.494	3.226
2009	704	3.139	1.608	0.848	2.991	8.760
2010	2 536	3.276	1.698	0.133	2.975	13.320
2011	1 751	2.638	1.214	0.064	2.405	8.228
2012	796	1.717	0.650	0.045	1.648	3.614
2014	370	0.731	0.263	0.235	0.704	1.496
合计	7 901	1.965	0.873	0.317	1.839	5.574

从表4-5可以看出，超募规模平均值最高的年度为2010年，达到了10.650，与表4-2和表4-3的分析结果是一致的，最低为2014年。这是由于近年来证监会和交易所对发行价格和市盈率都有了更严格的要求，从而在一定程度上控制了超募融资的程度。

表4-5　　　　全部A股超募规模的分上市年度描述性统计

上市年度	样本数（个）	均值	标准差	最小值	中位数	最大值
2006	192	7.792	1.155	4.614	7.905	9.748
2007	464	8.260	1.003	5.309	8.322	10.390
2008	296	8.383	1.330	3.675	8.534	10.930
2009	680	10.160	0.759	8.251	10.240	12.090
2010	2 504	10.650	0.709	7.699	10.630	13.090
2011	1 667	10.160	0.982	6.473	10.280	12.420
2012	715	9.652	0.926	6.411	9.691	11.450
2014	64	2.548	3.481	-4.034	3.688	8.725
合计	6 582	8.451	1.293	4.800	8.661	11.105

从表 4 - 6 可以看出，超募率平均值最高的年度为 2010 年，达到了 1.795 倍，接近两倍，而最高的达到了 6.5 倍，最低也有 1 倍，可见 2010 年超募现象之严重，与表 4 - 2 至表 4 - 4 的分析结果是高度一致的，最低为 2014 年，为 - 0.031，说明尚存在有较多资金未募集足的公司，这与之前的超募现象截然相反。

表 4 - 6　　　　全部 A 股超募率分上市年度描述性统计

上市年度	样本数（个）	均值	标准差	最小值	中位数	最大值
2006	392	- 0.021	0.262	- 0.466	- 0.029	0.616
2007	768	0.046	0.226	- 0.443	0.077	0.524
2008	568	0.038	0.229	- 0.455	0.001	0.621
2009	704	1.093	0.661	- 0.107	1.056	3.034
2010	2 528	1.795	1.043	- 0.646	1.603	6.531
2011	1 751	1.254	1.016	- 0.382	1.084	7.381
2012	790	0.811	0.769	- 0.942	0.681	4.079
2014	370	- 0.031	0.078	- 0.451	0.000	0.210
合计	7 871	0.623	0.536	- 0.487	0.559	2.875

将样本分为制造业和非制造业来考察上市公司的超募情况，可以看出，制造业的实募资金比率、超募规模和超募率均高于非制造业，由此可见，上市公司中制造业所占主体和超募比重均是较大的，如表 4 - 7 所示。

表 4 - 7　　　　全部 A 股超募情况分行业描述性统计

超募指标	行业	样本数（个）	均值	标准差	最小值	中位数	最大值
实募资金比率	非制造业	3 802	1.996	1.483	0.0449	1.613	11.12
实募资金比率	制造业	6 278	2.267	1.462	0.0449	1.915	13.32
小计		10 080	2.1315	1.4725	0.0449	1.764	12.22
超募规模	非制造业	2 341	9.704	1.853	- 4.034	10.1	12.42
超募规模	制造业	4 659	9.976	1.353	- 2.303	10.25	13.09
小计		7 000	9.84	1.603	- 3.1685	10.175	12.755
超募率	非制造业	3 792	0.756	1.069	- 0.942	0.309	6.531
超募率	制造业	5 984	0.921	1.06	- 0.942	0.685	7.381
小计		9 776	0.8385	1.0645	- 0.942	0.497	6.956

（二）主要变量的描述性统计结果

表4-8列示了各主要变量的描述性统计结果。通过模型（4.1）计算出来的残差 ε 得到非效率投资水平指标 InvestEff、OverInvest 和 UnderInvest，从表中我们可以观察到，3 008 个样本中有 1 145 个样本的残差 ε 是大于零的，即该样本投资过度，另外 1 863 个样本的残差 ε 小于零，表示该样本投资不足，这说明中小上市公司的非理性投资行为是存在的。从样本的分布看，投资不足的样本要大于投资过度的样本，从 2008~2012 年的样本看，投资不足的样本占整个样本的比重为 61.93%，这也从一定程度上表明我国中小企业的非效率投资更多地表现为投资不足。

表4-8　　　　　　　　　　　主要变量的描述性统计

变量	样本数	均值	标准差	最小值	中位数	最大值
InvestEff	3 008	0.0408	0.035	1.89E-05	0.0322	0.238
OverInvest	1 145	0.0487	0.0464	1.89E-05	0.0339	0.238
UnderInvest	1 863	0.0359	0.0245	3.88E-05	0.0316	0.185
OFund	3 008	0.881	0.324	0	1	1
Size	3 008	21.11	0.712	19.49	21.01	25.27
Lev	3 008	0.252	0.164	0.0465	0.218	1.055
ROA	3 008	0.0563	0.044	-0.218	0.056	0.332
Cash	3 008	0.35	0.2	0.00872	0.325	0.758
Growth	3 008	0.201	0.292	-0.612	0.168	3.142
Age	3 008	9.98	4.915	1	10	30
TAR	3 008	0.557	0.337	0.055	0.481	2.648
OCF	3 008	0.0316	0.0729	-0.218	0.0347	0.351
Share	3 008	0.0315	0.0261	5.43E-05	0.0244	0.114

InvestEff 的平均值和中位数分别为 0.0408 和 0.0322，最大值为 0.238，标准差为 0.035，表中 OverInvest 的残差值大于 0，即过度投资的样本中，最大值为 0.238，最小值为 0.0000189，而 UnderInvest 的残差值小于 0，即投资不足的样本中，最大值为 0.185，最小值接近 0，过度投资的总体均值大概为 0.0487，比投

资不足的总体均值的绝对值还要大，另外这三个指标的中位数均相差不大；是否超募（OFund）是虚拟变量，表示企业是否超募融资，其均值和中位数分别是0.881和1，初步说明样本中多数企业是超募融资的；公司规模（Size）的均值为21.11，最大值25.27与最小值19.49之间的差距较小，侧面说明公司的规模均不大，由于样本中均为中小板企业和创业板企业，而创业板启动不久，公司规模有待扩张，处于高成长阶段新兴行业的企业较多；资产负债率（Lev）的平均值仅为0.252，与市场一般水平相比处于相对较低的水平，企业的资产负债率越低，说明企业的财务风险越低，相比于其他企业而言，中小上市公司可能由于超募后，其拥有较多超募带来的自由现金流，可以起到补充企业流动资金的作用，由此导致企业负债较少；总资产收益率（ROA）的平均值为0.0563，最大值0.332和最小值-0.218之间的差距还是较大的，说明中小上市公司之间的盈利水平存在一定的差距，盈亏各有不同；现金比率（Cash）即现金等价物与总资产之比的均值达到了0.35，可见企业有较多空闲的现金流，企业的投资未充分利用目前的闲置资金来提高投资效率，反而甚至是浪费社会资源；企业的成长性（Growth），即主营业务收入增长率的均值为0.201，最大值为3.142，比上一年增长了3倍多，可见中小上市公司具有高速成长的特点，发展空间较大，这也是创业板和中小板企业的突出特点——高成长性。

此外，上市年数（Age）的均值为9.98年，中位数为10年，最小值为1年，最大值为30年，说明中小上市公司的上市时间普遍较短，相对于国外上市公司而言，差距较大，这可能与我国资本市场起步比较晚有关；公司的总资产周转率（TAR）平均值为0.557次，而一般企业设置的标准值为0.8，该项指标反映总资产的周转速度，周转越快，说明销售能力越强，最小值为0.055，最大值为2.648，标准差为0.337，由此可见中小板和创业板公司的资产周转速度还是存在较大差异的，这可能跟企业所处的行业和经营能力有关；公司的经营活动现金流（OCF）均值为0.0316，最大值为0.351，最小值为-0.218，两者之间的差距较大，说明不同公司间的现金流情况是存在较大差异的；股权制衡度（Share）的均值为0.0315，最大值为0.114，最小值为0.0000543，几乎接近于0，由此可知，股权制衡在我国中小上市公司中的作用是微乎其微的，该指标的标准差为0.0261，数值较小，说明股权制衡的作用在我国中小上市公司之间的差异较小，即股权的制衡作用在我国中小上市公司中所起到的作用普遍不强，这从另一方面说明了我国的股权治理作用是十分有限的。

（三）相关系数表

本章研究模型的解释变量与控制变量有 10 个，主要是以超募融资、公司规模、负债水平、资产回报、现金流量、股权治理和上市年数等作为企业投资效率的影响因素。一般在进行实证回归分析前必须检验各变量间是否存在多重共线性。目前检验变量间的多重共线性问题的做法有多种，如简单相关系数检验法、方差扩大因子法、直观分析法、逐步回归检测法、特征值和病态指数等，这里采取简单相关系数法进行检验，根据研究经验，若变量的相关系数小于0.5，就可以认为它们之间不太可能存在共线性。

从表 4 - 9 可知，解释变量与控制变量之间的相关系数基本在 1% 水平上显著，除了超募融资三个指标（OFAsset、OFSum 和 OFRate）相互之间的系数大于0.5 之外，其他均未超过 0.5。据此可知，回归模型中所选取的主要变量不存在多重共线性问题。同时，根据相关系数表，我们也可以对后面的回归结果进行初步预判。超募融资指标显示，与被解释变量之间的关系系数为正，即超募融资在一定程度上降低了中小企业的投资效率，资产负债率、总资产周转率、经营活动现金流量和上市年数和残差呈显著关系，但正负不一致，而股权制衡、公司规模与总资产收益率和残差呈不显著的相关关系，这与前文分析大体一致，超募融资对投资效率的具体分析见实证结果。

表 4 - 9　　　　　　　　　　**主要变量之间的 Pearson 相关系数**

variables	InvestEff	OFAsset	OFSum	OFRate	Size	Lev	ROA	TAR	OCF	Share
OFAsset	0.137 ***									
OFSum	0.073 ***	0.512 ***								
OFRate	0.081 ***	0.584 ***	0.695 ***							
Size	−0.023	−0.01	0.520 ***	0.101 ***						
Lev	−0.048 **	−0.328 ***	−0.147 ***	−0.228 ***	0.491 ***					
ROA	−0.011	0.046 **	0.063 ***	−0.016	0.044 **	−0.336 ***				
TAR	−0.091 ***	−0.258 ***	−0.038 *	−0.178 ***	0.317 ***	0.374 ***	0.081 ***			
OCF	0.052 ***	0.02	0.03	−0.029	0.071 ***	−0.168 ***	0.337 ***	0.003		

variables	InvestEff	OFAsset	OFSum	OFRate	Size	Lev	ROA	TAR	OCF	Share
Share	0.007	−0.004	−0.011	−0.069 ***	−0.02	−0.082 ***	0.090 ***	−0.002	0.042 **	
Age	−0.050 ***	−0.152 ***	−0.078 ***	−0.03	−0.011	0.059 ***	−0.016	0.037 *	0.051 ***	0.037 *

注：对角线左下角表示 Pearson 相关系数，*** 表示在1%的水平上显著，** 表示在5%的水平上显著，* 表示在10%的水平上显著。

二、是否超募对投资效率的影响

从表4－10可知，我们根据投资效率的反向指标即非效率投资对样本进行了划分，具体划分过程为：当模型计算出的残差值为负数时，表示投资不足，用 UnderInvest 表示，为了使实证结果便于理解，我们在投资不足的指标前全部加了负号，因此 UnderInvest 的数值均为正；当模型计算出的残差值为正数时，表示投资过度，用 OverInvest 表示，表4－10分别是模型（4.3）至模型（4.5）的回归结果，其中 OF 使用的是 OFund（是否超募）虚拟变量，从表4－10第一列数据中，我们可以看到 OFund 前面的系数为0.007（t值为3.44），在1%的水平上显著正相关，即说明超募的中小上市公司相比没有超募的中小上市公司而言，会降低企业的投资效率，这与前面的理论分析与初步检验结果是一致的。

表4－10　　　是否超募与非效率投资的回归结果

variables	InvestEff	OverInvest	UnderInvest
OFund	0.007 *** (3.44)	0.009 ** (2.03)	0.006 *** (3.17)
Size	−0.002 (−1.58)	−0.002 (−0.91)	−0.001 (−1.17)
Lev	0.009 * (1.67)	0.023 * (1.94)	−0.008 * (−1.68)
ROA	−0.049 *** (−2.87)	−0.030 (−0.75)	−0.072 *** (−4.99)

续表

variables	InvestEff	OverInvest	UnderInvest
TAR	-0.009 *** (-4.24)	-0.015 *** (-3.26)	-0.006 *** (-3.05)
OCF	0.047 *** (4.90)	0.067 *** (3.06)	0.024 *** (2.96)
Share	0.007 (0.30)	-0.032 (-0.60)	0.028 (1.34)
Age	-0.000 (-1.26)	-0.001 * (-1.87)	0.000 (0.39)
常数项	0.081 *** (3.61)	0.113 ** (2.38)	0.066 *** (3.34)
行业、年度	控制	控制	控制
样本量	3 008	1 145	1 863
调整后的 R^2	0.045	0.039	0.093
F 统计量	8.456	3.446	11.028
p 统计量	0.000	0.000	0.000

注: *** 表示在 1% 的水平上显著, ** 表示在 5% 的水平上显著, * 表示在 10% 的水平上显著。

表 4-10 中的第二列和第三列分别表示投资过度与投资不足样本下的回归结果, 这两种情况从投资效率的角度来说, 均属于非效率性投资。根据数据显示, 这两组样本中 OFund 的系数分别为 0.009 和 0.006 (t 值分别为 2.03 和 3.17), 均为显著正相关, 只是显著水平有略微差异, 在投资过度的样本中是否超募与投资效率在 5% 的水平上显著, 回归结果显示, 相比于未超募的中小企业, 超募融资的企业更易引发投资过度和投资不足, 企业超募融资后握在手里的自由现金流会大幅增加, 一方面, 企业拥有大量的自由现金流后, 大部分情况下更容易引发投资过度; 另一方面, 管理层出于自身利益最大化考虑, 对于一些风险较大的项目, 即使它们会给企业带来正的净现值, 管理层也不会去投资, 这就引发企业的投资不足, 这正好验证了假设 2a 和假设 2b。

此外, 我们关注了其他的控制变量。从表 4-10 中可以看出, 资产负债率对非效率投资的影响存在不一致性。在投资过度的样本中, 资产负债率与 OverInvest 在 10% 的水平上显著正相关，说明在投资过度的公司中负债不具有提高投资效率的作用；而在投资不足的样本中，资产负债率与 UnderInvest 在 10% 的水平上存在显著为负的相关关系，表示企业存在负债能抑制企业投资不足这一非效率投资行为。同时，我们发现总资产收益率（ROA）、股权制衡度（Share）和上市年数（Age）在模型中并不显著，这些变量在一定程度上代表着公司内部治理水平和结构。因此，这也从某些方面表明中小上市公司可能在内部治理结构上缺乏一定的有效性。从回归模型整体上来看，虽然拟合度不高，但 F 统计量的值分别为 8.456、3.446 和 11.028，P 值在 1% 的水平上显著相关。据此可知，书中建立的回归模型能够解释超募融资是否会在一定程度上带来企业的非效率投资这一问题。

三、超募水平对投资效率的影响

（一）超募水平对非投资效率的影响

表 4 - 10 主要是从定性的角度来衡量企业的超募情况，但每个企业的超募程度是否也会影响中小上市公司的投资效率？表 4 - 11 是用三个超募指标（连续数值变量）作为自变量进行回归的结果，分别用了实募资金比率（OFAsset）、超募规模（OFSum）和超募率（OFRate）来衡量企业的超募情况。从回归结果的数据来看：OFAsset 的系数为 0.003（t 值为 6.17），在 1% 的水平上显著为正；OFSum 的系数为 0.005（t 值为 4.17），在 1% 的水平上显著为正；OFRate 的系数为 0.003（t 值为 3.22），在 1% 的水平上显著为正。根据三个指标的回归结果可知，如果企业的超募程度较高，企业进行非效率投资的可能性越大，其投资效率就会越低。让人意外的是，在此模型中，资产负债率（Lev）的系数变得显著了，且在 5% 的水平上显著为正，说明在不区分非效率投资分类的情况下，负债能够在一定范围内抑制企业的非效率投资。然而，总资产收益率、上市年数和股权制衡度仍然不显著，再次说明小上市公司可能在内部治理结构上缺乏一定的有效性，从而加剧了企业的非效率投资现象。其中，调整后的 R^2 值分别为 5.2%、4.4% 和 4.2%，P 值在 1% 水平上显著相关，F 统计值分别是 8.614、

7.477 和 7.090,表示模型(4.3)可以很好地解释超募融资和企业非效率投资的关系,超募融资的三个指标与投资的非效率性呈显著正相关关系,正好再次和假设 1 一致,表明了随着超募资金越多,投资效率也会越低。

表 4-11 　　　　　　　　　　超募水平与非效率投资的回归结果

variables	InvestEff	InvestEff	InvestEff
OFAsset	0.003 *** (6.17)		
OFSum		0.005 *** (4.17)	
OFRate			0.003 *** (3.22)
Size	-0.001 (-0.76)	-0.005 ** (-2.48)	-0.000 (-0.35)
Lev	0.015 ** (2.37)	0.018 ** (2.53)	0.009 (1.39)
ROA	-0.029 (-1.56)	-0.024 (-1.25)	-0.031 (-1.63)
TAR	-0.009 *** (-3.54)	-0.010 *** (-4.15)	-0.010 *** (-4.17)
OCF	0.037 *** (3.60)	0.039 *** (3.75)	0.037 *** (3.61)
Share	0.001 (0.05)	0.002 (0.07)	0.005 (0.18)
Age	0.000 (0.08)	-0.000 (-0.61)	-0.000 (-0.73)
常数项	0.057 ** (2.09)	0.099 *** (3.14)	0.055 ** (1.98)
行业、年度	控制	控制	控制
样本量	2 649	2 649	2 649
调整后的 R^2	0.052	0.044	0.042
F 统计量	8.614	7.477	7.090
p 统计量	0.000	0.000	0.000

注:*** 表示在 1% 的水平上显著,** 表示在 5% 的水平上显著,* 表示在 10% 的水平上显著。

　　由于超募资金比率的数据缺失问题，导致表 4 - 10 与表 4 - 11 中的样本数存在不一致的情况，在将缺失数据的样本删除后，进入到后续研究的样本只有2 649 个，这里更进一步对非效率性的投资进行了细分，即分成投资过度以及投资不足，前者的样本有 1 011 个，后者的样本是 1 638 个，表 4 - 12 和表 4 - 13分别为超募融资与投资过度、投资不足的回归结果。

（二）超募水平与投资过度的实证结果

　　表 4 - 12 列示了实募资金比率、超募规模和超募率与 OverInvest（投资过度）的回归结果。OFAsset、OFSum 和 OFRate 的系数分别为 0.004、0.006 和0.004，t 值分别为 3.06、2.76 和 1.99，表明中小企业的超募融资与过度投资呈正相关关系，即超募程度越高，企业的投资过度现象越严重，这与罗博（2012）研究得出的结论是一致的，即创业板的过度投资与超募率呈正相关关系，公司超募越严重，投资效率越低。由此我们推测，企业的非效率性影响一部分来自过度投资，这与我们的假设 2a 是一致的，那么投资不足是否也是重要影响因素？接下来进行进一步的验证。

表 4 - 12　　　　　　　　　超募水平与投资过度的回归结果

variables	OverInvest	OverInvest	OverInvest
OFAsset	0.004 *** (3.06)		
OFSum		0.006 *** (2.76)	
OFRate			0.004 ** (1.99)
Size	-0.002 (-0.64)	-0.008 * (-1.96)	-0.002 (-0.56)
Lev	0.035 ** (2.57)	0.044 *** (2.86)	0.030 ** (2.18)
ROA	-0.003 (-0.07)	0.005 (0.11)	-0.005 (-0.12)

续表

variables	OverInvest	OverInvest	OverInvest
TAR	-0.015^{***}	-0.016^{***}	-0.017^{***}
	(-2.90)	(-3.20)	(-3.28)
OCF	0.044^{*}	0.048^{**}	0.045^{*}
	(1.88)	(2.04)	(1.92)
Share	-0.036	-0.041	-0.039
	(-0.64)	(-0.73)	(-0.68)
Age	-0.000	-0.000	-0.000
	(-0.97)	(-1.24)	(-1.34)
常数项	0.083	0.156^{**}	0.090
	(1.45)	(2.34)	(1.52)
行业、年度	控制	控制	控制
样本量	1 011	1 011	1 011
调整后的 R^2	0.039	0.038	0.034
F 统计量	3.177	3.079	2.876
p 统计量	0.000	0.000	0.000

注：*** 表示在1%的水平上显著，** 表示在5%的水平上显著，* 表示在10%的水平上显著。

（三）超募水平与投资不足的实证结果

表 4-13 列示了超募融资与投资不足之间的相关关系，从数据来看，OFAsset、OFSum 和 OFRate 的系数分别为 0.003、0.003 和 0.002，t 值分别为 7.01、3.68 和 3.51，均在 1% 的水平上显著正相关，由此可得出结论：中小上市公司超募融资越多，企业越容易产生投资不足的问题，据此验证了假设 2b。从样本量来看，投资不足占了整个样本的 61.83%，可谓是影响投资非效率性的主要因素，这与高枝梅（2013）的研究结论高度一致，其选取创业板上市公司所为研究对象探究其投资行为，发现投资不足是中小上市企业产生非效率投资行为的最主要原因。

表 4 – 13   超募水平与投资不足的回归结果

variables	UnderInvest	UnderInvest	UnderInvest
OFAsset	0.003 *** (7.01)		
OFSum		0.003 *** (3.68)	
OFRate			0.002 *** (3.51)
Size	-0.001 (-0.58)	-0.003 * (-1.79)	-0.000 (-0.06)
Lev	-0.006 (-1.16)	-0.007 (-1.08)	-0.012 ** (-2.20)
ROA	-0.052 *** (-3.35)	-0.048 *** (-3.05)	-0.052 *** (-3.33)
TAR	-0.004 * (-1.84)	-0.005 ** (-2.56)	-0.005 ** (-2.44)
OCF	0.020 ** (2.27)	0.020 ** (2.33)	0.020 ** (2.26)
Share	0.020 (0.89)	0.024 (1.07)	0.027 (1.22)
Age	0.000 (1.51)	0.000 (0.64)	0.000 (0.54)
常数项	0.050 ** (2.08)	0.074 *** (2.67)	0.046 * (1.86)
行业、年度	控制	控制	控制
样本量	1 638	1 638	1 638
调整后的 R^2	0.111	0.092	0.091
F 统计量	11.794	9.728	9.655
p 统计量	0.000	0.000	0.000

注：*** 表示在1%的水平上显著，** 表示在5%的水平上显著，* 表示在10%的水平上显著。

相比于投资过度样本，投资不足样本的回归结果显示，总资产收益率与投资的非效率指标的相关关系变得在1%水平上显著了，并且是显著负相关，即企业的总资产收益率越低，投资不足现象越严重，进一步表明了这条传导路径，即投资不足才是中小上市公司的非效率投资主要表现。然而，股权制衡度和上市年数仍然不显著，说明当前中小上市公司的内部治理结构的确缺乏有效性。

第四节　本 章 小 结

本书借鉴理查森（2006）所建立的投资效率残差模型，探究了2009～2012年上市的中小板和创业板公司的投资行为，借鉴残差来衡量企业的非效率性投资，构建多元回归模型对相关数据进行实证分析，以检验超募融资与企业非效率性投资的关系。回归结果表明，我国中小上市公司的非效率性投资现象普遍存在，并且超募融资的规模越大，非效率性投资的现象越严重。从理论上来说，企业非理性投资行为主要会受代理成本、信息不对称和公司治理等方面的影响。通过分析本书得到如下结论：

（1）我国中小上市公司 IPO 超募资金的投资普遍存在非效率投资问题，且超募融资的规模与整体样本企业投资的非效率性呈显著的正相关关系，从数据样本发现这种投资的非效率性主要表现为投资不足。

（2）中小上市公司超募融资现象与其投资过度行为存在着显著的正相关关系，说明企业超募融资得到的"自由现金流"对企业投资的约束力较弱，企业投资动机强，影响了投资效率。

（3）中小上市公司超募融资与投资不足呈显著的正相关关系，这表明企业超募融资规模越大，企业的投资不足现象越严重，从样本的分布情况来看，投资不足在整个投资非效率性样本中占比相对更大。原因在于，证监会和深交所的严格监管限制了企业的投资行为，企业自身的风险承担能力抑制了外部扩张，从而导致企业的投资不足。

第五章
公司控股权与超募资金投资效率

传统的委托代理理论认为所有权与经营权的信息不对称会给公司带来第一类的代理成本，而股权分布的特点不同又能带来大股东与小股东之间的第二类代理成本。监督和激励是解决第一类代理问题的主要途径。在现代企业的治理过程中，生成合理的内部治理结构和股权结构是解决第二类代理成本的关键。在当前金字塔持股结构的背景下，上市公司的股权集中度较高，绝大部分公司存在控股股东。然而大股东控制权的进一步集中也带来了一些问题。在这种情况下，所有者与管理者之间的第二类代理问题变得越来越严重，虽然第一类代理问题得到了些许缓解。股权高度集中一方面能够提高大股东对经理层的监督动力，另一方面也可能导致大股东侵占中小股东利益，形成"利益掏空""隧道效应"等现象。大股东控制下股权集中的特征助长了超募资金所带来的投资效率低下等问题。

第一节　理论分析与研究假设

一、大股东控制权影响超募资金的投资效率

投资是企业的一项重大行为，直接影响企业业绩。大股东控制能够对企业的经营业绩带来不同的影响。大股东控制权体现为公司的股权结构，其能够通过所持有的股权对公司财务决策、人员任命等产生影响，并使得经理层、董事会等权力机构在一定程度上都听从于大股东，这会对公司的治理结构产生重大影响。在此基础上，公司的治理情况能够影响公司各项决策制定及落地实施情况，并最终影响企业的经营业绩。

公司的投资效率在一定程度上受其股权结构的影响，其影响路径类似于股权结构对企业经营绩效的影响，主要体现在执行过程的层面。正常情况下，大股东的控制权必将影响公司的治理结构，拉波特等（La Port et al.，2000）的研

究表明，控股大股东为获取控制权私人收益，将会有强烈的动机致力于非效率投资行为，导致公司的利益与中小股东的利益受损，而这一行为归咎于现金流权与所有权的分离。阿格瓦尔和桑威克（Aggarwal and Samwick，2006）认为，在集中型所有权结构下将控制权收益作为决策目标，忽略了公司价值最大化，非效率投资的产生源于大股东主导下的企业投资决策。在此基础上，公司的治理情况能够影响公司面临投融资决策时候的决策内容，并最终给企业的投资效率带来影响。

由于大股东持股比例高于中小股东，基于控制权私人收益的考虑，大股东可能凭借决策控制权进行关联投资等侵害中小股东的利益，或利用超募资金实施"掏空上市公司"的行为，由此给公司的投资效率带来"损耗效应"。公司大股权的代理成本所导致的投资效率的"损耗效应"，损害了外部中小股东的权益。这种现象在我国资本市场较为普遍，特别是民营上市公司更为严重。股东对管理者实施控制的权力和监管的能力及动机都受到股权结构的影响，这一行为将直接作用于管理者决策，影响企业投资效率。叶松勤等（2013）已验证了大股东控制存在侵占效应，企业现金流量存在激励效应，超募资金投资有明显个人导向。与此同时，两者分离程度的增加也带来了一些问题，其中之一就是企业非效率投资的现象更加严重。随着大股东持股比例增加，大股东的控制力度也逐渐增加，一些大股东会以牺牲中小股东的利益为代价来运用超募资金谋求自身利益，更有甚者会降低公司业绩。因此，大股东控制会强化超募资金引起的投资效率低下问题。基于前述分析提出如下假设：

假设1：大股东控制程度与超募资金的非效率投资呈正相关关系。

二、大股东控制强化超募资金投资过度

在股权高度集中的背景下，大股东拥有更大的决策权力。此时，大股东可通过转移资源等各种途径实现控制权私人收益。大股东出于私人收益的考虑，一旦拥有了大量超募资金，便会提高掏空公司、侵占小股东利益的可能。当前，大股东掏空公司的途径主要包括并购、无偿占用资金、大额现金股利、关

联交易等。同时，大股东为了获取高额的控制权收益，会投资于一些收益为负的项目。柳建华等（2008）研究发现，上市公司与控股股东之间的共同投资是控股股东转移上市公司资源的一种方式，最终会降低企业的业绩。在大股东控制背景下，一些大股东为了转移公司资源而将超募资金过度投资到低效益项目，并拉低了公司整体的盈利水平。徐晓东（2009）认为"代理冲突与投资过度是相互影响、互为因果的。公司治理状况在一定程度上反映了代理问题的严重程度，在企业投资过度时公司治理的效率较低，股东与经理层之间、大股东与中小股东之间的代理冲突严重，这一局面反过来又会导致更为严重的过度投资"。

刘飞（2014）指出，在没有大股东控制下的上市公司中，经理层和股东之间的委托代理问题使得经理层的决策行为可能有损企业利益的最大化，从而导致企业的非效率投资行为。但是在大股东控制下公司治理会出现新的问题和现象，拥有控制权的大股东可能与公司经理层勾结，出现转移公司超募资金侵占中小股东利益的行为。李四海等（2015）研究发现，随着大股东的持股比例变高，其在公司中的控制权会越来越大，就越有可能积极参与上市公司的投资决策。当企业拥有大量的自由现金流时倾向于扩大投资，往往在进行投资决策的时候由于大股东掌握话语权，受利益驱使投资于不利于中小股东的项目，导致投资过度问题。在超募融资背景下，企业内部拥有充裕的资金流，能够投资于更多的项目。站在大股东的角度来说，其通过所拥有的决策控制权来转移上市公司资源的可能性越大，投资过度现象出现的可能性就越大。同时，当公司拥有超额的现金时，大股东的抗风险能力有所提高，因此当面临合适项目时，往往会进行投资，此时投资不足的可能性较小。因此，在超募融资的背景下，大股东控制会进一步加重企业的投资过度问题。基于前述分析提出如下假设：

假设 2：大股东控制力将强化超募资金与投资过度的正相关关系。

第二节　研 究 设 计

一、样本选择与数据来源

本书研究数据主要来自 Wind 数据库和国泰安数据库。其中大股东控制数据来自国泰安数据库，部分数据经手工搜集处理获得。本章以控股股东持股比例衡量大股东控制，并据此生成了是否存在大股东控制和大股东控制程度两个虚拟变量。其中，对于控股股东持股比例达到 35% 的，则认定为存在大股东控制；按照控股股东持股比例的中位数划分大股东控制强弱。样本选择同第四章。

二、变量选择与模型设计

被解释变量投资效率（InvestEff）、投资过度（OverInvest）和投资不足（UnderInvest），解释变量实募资金比率（OFAsset）、超募规模（OFSum）和超募率（OFRate）以及控制变量（ControlVariables）均与第四章相同。大股东控制变量（Share1）参考叶松勤等（2013）选择第一大股东持股比例进行衡量，代表中小上市公司股权集中度。变量具体定义如表 5 – 1 所示。

表 5 – 1　　　　　　　　　　　　变量定义及说明

变量符号	变量名称	计算方法与说明
InvestEff	投资效率	根据理查森（2006）方法估算的残差的绝对值
OverInvest	投资过度	根据理查森（2006）方法估算的大于 0 的残差
UnderInvest	投资不足	根据理查森（2006）方法估算的小于 0 的残差
OFAsset	实募资金比率	实际募集资金除以招股前净资产

续表

变量符号	变量名称	计算方法与说明
OFSum	超募规模	实际募集资金减去预计募集资金后的自然对数
OFRate	超募率	实际募集资金减去预计募集资金后除以预计募集资金
Share1	大股东控制	第一大股东的持股比例
IFShare	是否大股东控制	虚拟变量，大股东控制的取值为 1，否则为 0
PowerShare	大股东控制强度	虚拟变量，大股东控制强的取值为 1，大股东控制弱的为 0
Size	企业规模	总资产的自然对数
Lev	资产负债率	总负债除以总资产
ROA	总资产收益率	净利润除以总资产
Cash	现金比率	现金及现金等价物除以总资产
Growth	营业收入增长率	当年营业收入减去上年营业收入后除以上年营业收入
Age	企业年龄	处理年份减去企业成立年份
TAR	总资产周转率	营业收入除以总资产
OCF	经营活动现金流	经营活动产生的现金流量净额除以总资产
Share	股权制衡度	第二大股东至第十大股东持股比例的平方和

根据本章研究内容，参考相关文献，以解释变量 $OFAsset_{it}$ 为例建立模型如下：

$$InvestEff_{it} = \partial_0 + \partial_1 IFShare_{it} + \partial_2 OFAsset_{it} + \partial_3 IFShare_{it} \times OFAsset_{it}$$
$$+ \partial_{it} \sum (ControlVariables) + \varepsilon_{it} \tag{5.1}$$

$$OverInvest_{it} = \partial_0 + \partial_1 IFShare_{it} + \partial_2 OFAsset_{it} + \partial_3 IFShare_{it} \times OFAsset_{it}$$
$$+ \partial_{it} \sum (ControlVariables) + \varepsilon_{it} \tag{5.2}$$

$$InvestEff_{it} = \partial_0 + \partial_1 PowerShare_{it} + \partial_2 OFAsset_{it} + \partial_3 PowerShare_{it} \times OFAsset_{it}$$
$$+ \partial_{it} \sum (ControlVariables) + \varepsilon_{it} \tag{5.3}$$

$$OverInvest_{it} = \partial_0 + \partial_1 PowerShare_{it} + \partial_2 OFAsset_{it} + \partial_3 PowerShare_{it} \times OFAsset_{it}$$
$$+ \partial_{it} \sum (ControlVariables) + \varepsilon_{it} \tag{5.4}$$

$$InvestEff_{it} = \partial_0 + \partial_1 Share1_{it} + \partial_2 OFAsset_{it} + \partial_3 Share1_{it} \times OFAsset_{it}$$
$$+ \partial_{it} \sum (ControlVariables) + \varepsilon_{it} \tag{5.5}$$

$$OverInvest_{it} = \partial_0 + \partial_1 Share1_{it} + \partial_2 OFAsset_{it} + \partial_3 Share1_{it} \times OFAsset_{it}$$

$$+ \partial_{it} \sum (ControlVariables) + \varepsilon_{it} \qquad (5.6)$$

同理，解释变量 $OFSum_{it}$、$OFRate_{it}$ 的模型同上，不再赘述。

第三节　实证结果分析

一、描述性统计分析

首先对包含大股东控制在内的样本进行描述性统计分析，结果如表 5 – 2 所示。

表 5 – 2　　　　　　　　全样本描述性统计分析

variables	N	Mean	Std. Dev	Min	Median	Max
InvestEff	2 649	0.0420	0.0350	0	0.0330	0.238
OverInvest	1 011	0.0490	0.0460	0	0.0350	0.238
UnderInvest	1 638	0.0370	0.0240	0	0.0320	0.162
OFAsset	2 649	2.849	1.336	0.513	2.609	7.289
OFSum	2 649	10.23	0.890	6.411	10.35	11.96
OFRate	2 649	1.368	0.888	0.0170	1.209	4.188
IFShare	2 649	0.509	0.500	0	1	1
PowerShare	2 649	0.499	0.500	0	0	1
Share1	2 649	0.361	0.138	0.0860	0.352	0.754
Size	2 649	21.04	0.610	19.49	20.96	23.20
Lev	2 649	0.239	0.154	0.0470	0.205	1.044
ROA	2 649	0.0570	0.0430	– 0.218	0.0570	0.332
Cash	2 649	0.359	0.200	0.0100	0.337	0.758
Growth	2 649	0.204	0.293	– 0.612	0.172	3.142

续表

variables	N	Mean	Std. Dev	Min	Median	Max
Age	2 649	10. 10	4. 925	1	10	30
TAR	2 649	0. 542	0. 321	0. 0550	0. 466	2. 648
OCF	2 649	0. 0300	0. 0720	− 0. 218	0. 0340	0. 351
Share	2 649	0. 0320	0. 0260	0	0. 0250	0. 114

从第一大股东控制比例（Share1）可知，中小上市公司第一大股东持股比例均值在 36% 左右，超过了中位数 35.2%，但是中小上市公司中第一大股东持股比例差异较明显，最多达到 75.4%，最少仅为 8.6%。一半以上的中小上市公司存在大股东控制，且将近一半的中小上市公司大股东控制程度较强。

由表 5 - 3 可知，第一大股东持股比例在存在大股东控制的组别中均值达到了 47.2%，比不存在大股东控制的组别的均值高了 22.5%，且存在大股东控制的组别的最小值与最大值均比不存在大股东控制的要高，符合常理逻辑。但是，对比两组中的被解释变量，投资效率（InvestEff）、投资过度（OverInvest）和投资不足（UnderInvest）的均值、最小值和最大值都没有显著差异，可能第一大股东持股比例不会直接影响投资效率，而是通过超募资金对投资效率进行影响，后面的回归分析将进一步验证。

表 5 - 3   大股东控制分组描述性统计分析

变量	（1）存在大股东控制				（2）不存在大股东控制			
	Mean	Std. Dev	Min	Max	Mean	Std. Dev	Min	Max
InvestEff	0. 041	0. 035	0	0. 238	0. 042	0. 035	0	0. 237
OverInvest	0. 048	0. 047	0	0. 238	0. 050	0. 046	0	0. 237
UnderInvest	0. 037	0. 024	0	0. 131	0. 037	0. 025	0	0. 162
OFAsset	2. 832	1. 379	0. 513	7. 289	2. 866	1. 289	0. 521	7. 289
OFSum	10. 262	0. 892	6. 473	11. 962	10. 207	0. 888	6. 411	11. 961
OFRate	1. 283	0. 822	0. 021	4. 188	1. 456	0. 944	0. 017	4. 188
IFShare	1	0	1	1	0	0	0	0
PowerShare	0. 979	0. 143	0	1	0	0	0	0
Share1	0. 472	0. 093	0. 35	0. 754	0. 247	0. 063	0. 086	0. 35

续表

变量	（1）存在大股东控制				（2）不存在大股东控制			
	Mean	Std. Dev	Min	Max	Mean	Std. Dev	Min	Max
Size	21. 107	0. 651	19. 543	23. 202	20. 960	0. 555	19. 491	23. 069
Lev	0. 251	0. 156	0. 047	1. 044	0. 226	0. 150	0. 047	0. 896
ROA	0. 058	0. 042	−0. 218	0. 229	0. 055	0. 043	−0. 218	0. 332
Cash	0. 351	0. 196	0. 010	0. 758	0. 366	0. 203	0. 010	0. 758
Growth	0. 208	0. 289	−0. 612	1. 955	0. 201	0. 298	−0. 612	3. 142
Age	9. 771	5. 030	1	30	10. 449	4. 791	1	26
TAR	0. 569	0. 332	0. 062	2. 648	0. 514	0. 306	0. 055	2. 648
OCF	0. 032	0. 074	−0. 218	0. 291	0. 028	0. 070	−0. 218	0. 351
Share	0. 024	0. 023	0	0. 114	0. 040	0. 026	0	0. 114

如表 5 - 4 所示，将大股东控制程度分组后，投资效率相关的三个被解释变量没有明显差异，说明大股东控制程度不会单一地对投资效率产生影响。大股东控制强的上市公司经营规模较大，Size 的均值较控制弱的上市公司多 14.4%，但是大股东控制强的公司规模差异也更为明显，标准差较控制程度弱的上市公司多出 9.4%，最大值和最小值均比控制程度弱的上市公司高，同时这种特征也暗含在资产周转率 TAR 中，控制程度强的上市公司规模较大、资产较多，TAR 的均值多出 5.4%；控制程度强的上市公司随着经营发展，需要借助外部资金，因此资产负债率也比控制程度弱的上市公司高，控制程度强的上市公司 Lev 的均值要多 2.4%；控制程度弱的上市公司，大股东利益掏空的机会少，公司可利用流转的资金更多，因此控制程度强的上市公司现金比率 Cash 更高。

表 5 - 4   **控制程度分组描述性统计分析**

变量	（1）大股东控制程度强				（2）大股东控制程度弱			
	Mean	Std. Dev	Min	Max	Mean	Std. Dev	Min	Max
InvestEff	0. 041	0. 035	0	0. 238	0. 042	0. 035	0	0. 237
OverInvest	0. 049	0. 047	0	0. 238	0. 050	0. 046	0	0. 237
UnderInvest	0. 037	0. 024	0	0. 131	0. 037	0. 024	0	0. 162
OFAsset	2. 844	1. 386	0. 513	7. 289	2. 853	1. 284	0. 521	7. 289

变量	（1）大股东控制程度强				（2）大股东控制程度弱			
	Mean	Std. Dev	Min	Max	Mean	Std. Dev	Min	Max
OFSum	10.260	0.897	6.473	11.962	10.210	0.884	6.411	11.961
OFRate	1.280	0.822	0.021	4.188	1.456	0.941	0.017	4.188
IFShare	1	0	1	1	0.021	0.144	0	1
PowerShare	1	0	1	1	0	0	0	0
Share1	0.474	0.092	0.353	0.754	0.249	0.064	0.086	0.352
Size	21.107	0.651	19.543	23.202	20.963	0.557	19.491	23.069
Lev	0.251	0.156	0.047	1.044	0.227	0.151	0.047	0.896
ROA	0.058	0.042	−0.218	0.229	0.056	0.043	−0.218	0.332
Cash	0.351	0.196	0.010	0.758	0.366	0.203	0.010	0.758
Growth	0.206	0.289	−0.612	1.955	0.203	0.298	−0.612	3.142
Age	9.711	5.028	1	30	10.495	4.791	1	26
TAR	0.569	0.335	0.062	2.648	0.515	0.304	0.055	2.648
OCF	0.032	0.074	−0.218	0.291	0.028	0.070	−0.218	0.351
Share	0.024	0.023	0	0.114	0.040	0.026	0	0.114

二、相关性分析

由于上一章已通过相关系数检验了实募资金比率（OFAsset）、超募规模（OFSum）、超募率（OFRate）与被解释变量投资效率（InvestEff）、投资过度（OverInvest）和投资不足（UnderInvest）的关系，因此，不再列出被解释变量赘述。本章通过对包括实募资金比率、超募规模、超募率、大股东是否控制、大股东控制程度和大股东控制在内的解释变量以及控制变量进行相关系数检验。本章的实募资金比率（OFAsset）、超募规模（OFSum）、超募率（OFRate）分别在各自的模型中进行回归，因此，该相关系数对模型设计没有影响。大股东是否控制（IFShare）是根据大股东控制（Share1）变量而生成的虚拟变量，第一大股东持股比例大于35%，IFShare 取值为1，即存在大股东控制，否则为0；大股东控制程度（PowerShare）也是根据大股东控制（Share1）变量而生成的虚拟变量，大于 Share1 的中位数取值为1，即大股东控制程度强，否则为0；这两个表示大股东控制（Share1）的虚拟变量分别在不同的模型中与解释变量各自交乘后参与回归，因此该相关系数对上述模型设计没有影响。

由表5－5可知，除去实募资金比率（OFAsset）、超募规模（OFSum）、超募率（OFRate）之间的相关系数，以及大股东是否控制、大股东控制程度和大股东控制的相关系数外，自变量中最大的两个系数为－0.592和0.520，分别是Cash与Lev以及Size与OFsum的系数，表明模型不存在严重共性线。

表5－5 主要变量相关系数表

variables	OFAsset	OFSum	OFRate	IFShare	PowerShare	Share1	Size	Lev	ROA
OFSum	0.512 ***								
OFRate	0.584 ***	0.695 ***							
IFShare	－0.013	0.031	－0.097 ***						
PowerShare	－0.003	0.029	－0.099 ***	0.979 ***					
Share1	－0.010	0.016	－0.118 ***	0.817 ***	0.818 ***				
Size	－0.010	0.520 ***	0.101 ***	0.120 ***	0.118 ***	0.105 ***			
Lev	－0.328 ***	－0.147 ***	－0.228 ***	0.080 ***	0.077 ***	0.020	0.491 ***		
ROA	0.046 **	0.063 ***	－0.016	0.035 *	0.031	0.066 ***	0.044 **	－0.336 ***	
Cash	0.341 ***	0.149 ***	0.227 ***	－0.038 *	－0.038 *	－0.007	－0.324 ***	－0.592 ***	0.289 ***

注：*** 表示在1%的水平上显著，** 表示在5%的水平上显著，* 表示在10%的水平上显著。

三、回归分析

（一）大股东控制影响超募资金的投资效率

本章采用多元线性回归检验在大股东控制的背景下，超募资金对投资效率的影响。先将代表超募资金的三个解释变量依次与大股东控制的三个自变量代入模型回归，得到的结果如表5－6所示。

表 5 - 6　　　　　　　　大股东控制下超募资金对投资效率的影响

variables	(1)	(2)	(3)	(4)	(5)	(6)	(7)	(8)	(9)
	大股东是否控制			大股东控制程度			大股东控制		
OFAsset × IFShare	0.002 * (1.74)								
OFSum × IFShare		0.004 ** (2.06)							
OFRate × IFShare			0.003 * (1.66)						
OFAsset × PowerShare				0.002 * (1.65)					
OFSum × PowerShare					0.004 ** (2.36)				
OFRate × PowerShare						0.003 * (1.94)			
OFAsset × Share1							0.018 * (1.84)		
OFSum × Share1								0.015 *** (2.67)	
OFRate × Share1									0.011 * (1.84)
OFAsset	0.003 *** (6.03)			0.003 *** (6.18)			0.003 *** (6.30)		
OFSum		0.005 *** (4.16)			0.005 *** (4.20)			0.004 *** (3.96)	
OFRate			0.003 *** (3.34)			0.003 *** (3.43)			0.003 *** (3.28)
IFShare	-0.001 (-0.70)	-0.001 (-0.62)	0 (-0.26)						
PowerShare				0 (-0.31)	0 (-0.05)	0 (0.21)			
Share1							-0.003 (-0.58)	-0.003 (-0.65)	-0.002 (-0.33)
Size	-0.001 (-0.70)	-0.005 ** (-2.51)	0 (-0.31)	-0.001 (-0.72)	-0.005 ** (-2.55)	-0.001 (-0.36)	-0.001 (-0.71)	-0.005 ** (-2.39)	0 (-0.31)
Lev	0.015 ** (2.41)	0.018 ** (2.54)	0.009 * (1.73)	0.015 ** (2.34)	0.018 ** (2.52)	0.009 * (1.74)	0.015 ** (2.36)	0.017 ** (2.48)	0.009 * (1.72)
ROA	-0.027 (-1.47)	-0.023 (-1.22)	-0.030 (-1.59)	-0.028 (-1.49)	-0.023 (-1.22)	-0.030 (-1.58)	-0.028 (-1.49)	-0.025 (-1.29)	-0.030 (-1.58)

续表

variables	(1)	(2)	(3)	(4)	(5)	(6)	(7)	(8)	(9)
	大股东是否控制			大股东控制程度			大股东控制		
TAR	−0.009 ***	−0.010 ***	−0.010 ***	−0.009 ***	−0.010 ***	−0.010 ***	−0.009 ***	−0.011 ***	−0.010 ***
	(−3.52)	(−4.26)	(−4.16)	(−3.79)	(−4.27)	(−4.18)	(−3.81)	(−4.37)	(−4.23)
OCF	0.037 ***	0.039 ***	0.037 ***	0.037 ***	0.038 ***	0.037 ***	0.037 ***	0.038 ***	0.037 ***
	(3.63)	(3.75)	(3.63)	(3.64)	(3.71)	(3.61)	(3.62)	(3.68)	(3.59)
Share	−0.007	−0.007	−0.001	−0.003	−0.003	0.003	−0.008	−0.009	−0.004
	(−0.25)	(−0.26)	(−0.04)	(−0.13)	(−0.11)	(0.10)	(−0.31)	(−0.34)	(−0.13)
Age	0	0	0	0	0	0	0	0	0
	(0.14)	(−0.58)	(−0.65)	(0.14)	(−0.56)	(−0.60)	(0.08)	(−0.57)	(−0.67)
cons	0.056 **	0.101 ***	0.055 *	0.057 **	0.102 ***	0.056 **	0.057 **	0.100 ***	0.055 **
	(2.05)	(3.20)	(1.94)	(2.00)	(3.23)	(1.98)	(2.02)	(3.17)	(1.97)
行业、年度	控制	控制	控制	控制	控制	控制	控制	控制	控制
N	2 649	2 649	2 649	2 649	2 649	2 649	2 649	2 649	2 649
调整后的 R^2	0.052	0.045	0.042	0.052	0.046	0.043	0.052	0.046	0.042
F 统计量	7.964	6.986	6.552	8.698	7.040	6.600	8.875	7.130	6.585
P 统计量	0	0	0	0	0	0	0	0	0

注：*** 表示在 1% 的水平上显著，** 表示在 5% 的水平上显著，* 表示在 10% 的水平上显著。

由表 5 - 6 可知，解释变量实募资金比率（OFAsset）、超募规模（OFSum）和超募率（OFRate）均显著为正，与前文结果一致，说明中小上市公司超募融资会降低投资效率，具体表现形式为投资过度和投资不足。大股东是否控制（IFShare）与实募资金比率（OFAsset）的交乘项（OFAsset × IFShare）系数显著为正，且实募资金比率系数仍然显著为正，维持在 3% 左右，没有发生反转或者不显著的现象，说明相较于非大股东控制，大股东控制会强化超募融资对投资效率的影响，即在大股东控制下的中小上市公司超募融资对投资效率的负面影响作用更强。

第（1）列、第（2）列中大股东是否控制与超募规模的交乘项（OFSum × IFShare）系数，大股东是否控制与超募率的交乘项（OFRate × IFShare）系数都显著为正，OFSum 和 OFRate 变量也显著为正，说明在大股东控制下的中小上市公司超募融资会带来更低的投资效率。第（4）列中大股东控制程度（PowerShare）与实募资金比率（OFAsset）的交乘项（OFAsset × PowerShare）系数显著为正，且实募资金比率仍显著为正，没有发生反转或者不显著的现象，说明中小上市公司超募资金对投资效率的负面影响受到大股东控制强度的作用。大股东控制强度越高，中小上市公司的超募资金所带来的投资效率越低。第（5）列、第（6）列中分别采用了大股东控制程度与超募规模的交乘项（OFSum × PowerShare）、大股东控制程度与超募率的交乘项（OFRate × PowerShare），结果均显著正相关，且超募规模、超募率的系数在1%的水平上显著为正，可验证大股东控制程度对超募资金投资效率具有强化影响的作用。

表5-6中，第（1）～（6）列都是将大股东控制作为虚拟变量，研究对超募资金投资效率的作用。结果显示，在大股东控制的中小上市公司中，超募资金对投资效率的负面影响更大。同时，在中小上市公司中大股东控制越强，超募资金对投资效率的负面影响作用越强。大股东控股比例越高，可凭借决策控制权实施利益掏空的机会越大，通过关联交易、利益输送等方式满足自利欲望的可能性也就越高，而这一行为将导致公司投资效率低下。

第（7）列、第（8）列和第（9）列均将大股东控制作为连续变量，探讨其调节作用。第（7）列中大股东控制与实募资金比率的交乘项（OFAsset × Share1）系数显著为正，且实募资金比率系数也显著为正，说明大股东控制越强，超募资金对投资效率的影响越大。第（8）列、第（9）列中大股东控制与超募规模的交乘项（OFSum × Share1）、大股东控制与超募率的交乘项（OFRate × Share1）结果均显著正相关，共同验证了假设1。大股东控制会强化超募资金与非效率投资的正相关关系。

其他控制变量，与第四章研究基本一致。资产周转率（TAR）系数显著为负，说明资产周转率与非效率投资呈显著的负相关关系。公司良好的经营业绩提高了营业收入，加速了资金周转，会更理性地对待投资决策。经营活动现金流（OCF）系数显著为正，说明越多的现金流量会加剧公司非理性投资行为，造成投资效率低下，这与众多学者的文献研究不谋而合。

（二）大股东控制强化超募资金投资过度

基于上文所述，投资过度是投资效率低下的重要表现形式之一，大股东持股比例越高，越有动机和条件滥用超募资金，从而引起投资过度现象。因此，本部分主要采用多元回归检验假设2，具体研究大股东控制下超募资金所引起的投资过度问题。大股东在中小上市公司中持股比例越高，越有决策控制权，越有可能为满足私欲将超募融资的资金过度转移到利益关联方，甚至低效益的项目上。

实证检验结果如表 5 - 7 所示。

表 5 - 7   大股东控制下超募资金对投资过度的影响

variables	(1)	(2)	(3)	(4)	(5)	(6)	(7)	(8)	(9)
	大股东是否控制			大股东控制程度			大股东控制		
OFAsset × IFShare	0.004 * (1.75)								
OFSum × IFShare		0.006 * (1.66)							
OFRate × IFShare			0.006 * (1.76)						
OFAsset × PowerShare				0.004 * (1.75)					
OFSum × PowerShare					0.005 * (1.65)				
OFRate × PowerShare						0.008 ** (2.20)			
OFAsset × Share1							0.037 * (1.69)		
OFSum × Share1								0.023 * (1.91)	
OFRate × Share1									0.025 * (1.81)
OFAsset	0.004 *** (2.95)			0.004 *** (2.98)			0.004 *** (3.07)		
OFSum		0.006 *** (2.74)			0.007 *** (2.80)			0.006 *** (2.64)	
OFRate			0.004 ** (2.00)			0.004 ** (2.10)			0.004 ** (2.03)
IFShare	-0.004 (-1.14)	-0.004 (-1.26)	-0.003 (-0.97)						
PowerShare				-0.002 (-0.71)	-0.002 (-0.68)	-0.001 (-0.45)			
Share1							-0.011 (-0.91)	-0.012 (-1.02)	-0.009 (-0.72)

续表

variables	(1)	(2)	(3)	(4)	(5)	(6)	(7)	(8)	(9)
	大股东是否控制			大股东控制程度			大股东控制		
Size	−0.001 (−0.46)	−0.008 * (−1.90)	−0.001 (−0.36)	−0.001 (−0.52)	−0.008 * (−1.96)	−0.001 (−0.43)	−0.002 (−0.53)	−0.007 * (−1.84)	−0.001 (−0.42)
Lev	0.036 *** (2.59)	0.042 *** (2.78)	0.028 ** (2.05)	0.035 ** (2.57)	0.042 *** (2.78)	0.028 ** (2.05)	0.036 *** (2.60)	0.042 *** (2.74)	0.028 ** (2.07)
ROA	0.002 (0.04)	0.008 (0.18)	−0.003 (−0.07)	0.002 (0.05)	0.008 (0.19)	−0.001 (−0.03)	0.002 (0.05)	0.004 (0.10)	−0.003 (−0.07)
TAR	−0.015 *** (−2.97)	−0.016 *** (−3.26)	−0.017 *** (−3.29)	−0.015 *** (−2.95)	−0.016 *** (−3.25)	−0.017 *** (−3.31)	−0.015 *** (−3.29)	−0.017 *** (−3.32)	−0.017 *** (−3.36)
OCF	0.045 * (1.92)	0.047 ** (2.00)	0.045 * (1.91)	0.044 * (1.89)	0.046 ** (1.97)	0.043 * (1.84)	0.043 * (1.80)	0.045 * (1.95)	0.044 * (1.88)
Share	−0.066 (−1.09)	−0.076 (−1.25)	−0.069 (−1.14)	−0.059 (−0.97)	−0.063 (−1.04)	−0.062 (−1.01)	−0.069 (−1.17)	−0.077 (−1.23)	−0.073 (−1.16)
Age	−0.000 (−1.01)	−0.000 (−1.30)	−0.000 (−1.35)	−0.000 (−0.99)	−0.000 (−1.26)	−0.000 (−1.30)	−0.000 (−1.03)	−0.000 (−1.26)	−0.000 (−1.35)
_cons	0.074 (1.29)	0.154 ** (2.30)	0.080 (1.35)	0.077 (1.34)	0.156 ** (2.34)	0.083 (1.40)	0.081 (1.36)	0.153 ** (2.30)	0.086 (1.45)
行业、年度	控制	控制	控制	控制	控制	控制	控制	控制	控制
N	1 011	1 011	1 011	1 011	1 011	1 011	1 011	1 011	1 011
调整后的 R^2	0.042	0.040	0.036	0.041	0.039	0.037	0.041	0.040	0.036
F 统计量	3.105	2.997	2.808	3.058	2.946	2.856	3.469	3.015	2.794
P 统计量	0.000	0.000	0.000	0.000	0.000	0.000	0.000	0.000	0.000

注: *** 表示在1%的水平上显著,** 表示在5%的水平上显著, * 表示在10%的水平上显著。

由表5-7第（1）列、第（2）列和第（3）列可知，大股东是否控制（IF-Share）与实募资金比率（OFAsset）、超募规模（OFSum）、超募率（OFRate）的各自交乘项系数都显著正相关，OFAsset、OFSum、OFRate 也都显著为正，说明在大股东控制下的中小上市公司，超募融资额越多，投资过度问题越严重，即相对非大股东控制而言，大股东控制能够强化超募融资与投资过度的正相关关系。

在大股东控制下的中小上市公司，经营决策权受到大股东控制的重大影响，投资决策有明显的个人倾向，增加了利益掏空或利益侵占的动机，超募融资额又为实施这一动机提供了必要条件。在第（4）列中，大股东控制程度（Power-

Share）与实募资金比率（OFAsset）的交乘项（OFAsset × PowerShare）系数显著为正，且实募资金比率仍显著为正，没有发生反转或者不显著的现象，且第（5）列中 OFSum × PowerShare 的系数、OFSum 的系数，第（6）列中 OFSumO-FRate × PowerShare 的系数、OFRate 的系数都显著为正，可见，相较大股东控制弱的中小上市公司而言，大股东控制强的超募融资带来的投资过度问题更严重。在中小上市公司中，大股东控制程度越强，股权制衡机制越弱，滥用权利越容易，大股东可以利用超募资金侵占中小投资者的利益，因此，超募资金越多，投资过度越严重。

第（7）~（9）列中大股东控制（Share1）均为连续变量，OFAsset × Share1 系数、OFSum × Share1 系数和 OFRate × Share1 系数均显著为正，OFAsset、OF-Sum 和 OFRate 变量仍显著为正，没有反转或者不显著的现象，说明大股东持股比例越高，超募融资额对投资过度的正向影响越大。在创业板和中小板的上市公司中，行政制衡机制和股权制衡机制不够完善，大股东有机会利用控制权满足私利，首次公开发行股票并上市后，一旦有足量的超募资金，便会投资到关联企业甚至净收益为负的项目上，借此侵占中小股东利益，造成投资过度的现象，这与本章的假设 2 一致，大股东控制会强化超募资金与投资过度的正相关关系。

第四节　进一步分析

一、股权集中度、超募资金与投资效率

根据李四海（2015）、徐晓东（2009）、刘飞（2014）等学者的研究，本节选取了前 10 大股东持股比例平方和作为股权集中度（Shh1）衡量大股东控制，数据来自国泰安数据库。其中，将 Shh1 的均值作为是否存在股权集中度（IFShhi）的衡量标准，如果 Shh1 大于其均值，IFShhi 取值为 1，否则为 0；将 Shh1 的中位数作为股权集中程度（PowerShhi）的衡量标准，如果 Shh1 大于其中位数，PowerShhi 取值为 1，否则为 0。

股权集中度衡量了公司股权的分布状态，股权集中度越高，说明大股东持股比例越大，对公司的控制权越大，越有能力和动机主动参与公司的投融资决策。中小板和创业板上市的公司大部分具有高成长性，需要大量的资金进行投资扩张，行政制衡机制和激励奖惩机制没有主板上市公司健全，大股东与中小股东的矛盾冲突致使大股东过度投资，转移超募资金至关联公司或者低收益的项目上。周伟贤（2010）的研究表明，股权集中度与现金流量和非效率投资之间存在着某些关联，主要体现在股权集中度越高，非效率投资越多，大股东控制下的上市公司可能存在直接利益输送，造成投资过度现象。因此，本书用股权集中度来验证假设 1 和假设 2，即股权集中度越高，大股东持股比例越大，超募资金对非效率投资的影响越强；提高股权集中度会强化超募资金与投资过度的正相关关系。

由表 5-8 可知，被解释变量 InvestEff、OverInvest 和 UnderInvest 没有显著区别，说明股权集中度不会单独造成上市公司投资效率有显著区别。股权集中度高的组别 Size 的均值比股权集中度低的组别高 12.9%，标准差高 8.6%，且最大值和最小值均比股权集中度弱的组别高，可见股权集中度高的上市公司规模较大，但是持股比例有更明显的差异。股权集中度高的组别 TAR 比股权集中度低的组别均值高 4.6%，且最小值和最大值均高于股权集中度低的组别，说明股权集中度越高的上市公司资产周转率越大。从表 5-8 可知，股权集中度分组描述性统计不能够确认投资效率或投资过度的区别，因此，运用多元线性回归模型检验假设，结果如表 5-9 所示。

表 5-8　　　　　　　　　股权集中度分组描述性统计分析

变量	（1）股权集中度高				（2）股权集中度低			
	Mean	Std. Dev	Min	Max	Mean	Std. Dev	Min	Max
InvestEff	0.041	0.034	0	0.229	0.042	0.036	0	0.238
OverInvest	0.048	0.0476	0	0.229	0.051	0.047	0	0.238
UnderInvest	0.037	0.023	0	0.131	0.036	0.025	0	0.162

续表

变量	（1）股权集中度高				（2）股权集中度低			
	Mean	Std. Dev	Min	Max	Mean	Std. Dev	Min	Max
OFAsset	2.851	1.376	0.622	7.289	2.846	1.295	0.513	7.289
OFSum	10.260	0.909	6.473	11.962	10.210	0.871	6.411	11.961
OFRate	1.265	0.827	0.021	4.188	1.472	0.934	0.017	4.188
IFShhi	0.853	0.354	0	1	0	0	0	0
PowerShhi	1	0	1	1	0	0	0	0
Shh1	0.261	0.084	0.164	0.575	0.102	0.037	0.014	0.164
Size	21.100	0.648	19.543	23.202	20.971	0.562	19.491	22.791
Lev	0.243	0.153	0.047	0.740	0.235	0.154	0.047	1.044
ROA	0.060	0.040	−0.218	0.229	0.054	0.044	−0.218	0.332
Cash	0.360	0.198	0.016	0.758	0.357	0.201	0.010	0.758
Growth	0.202	0.287	−0.612	1.955	0.207	0.300	−0.612	3.142
Age	9.709	4.940	1	30	10.500	4.880	1	26
TAR	0.565	0.332	0.062	2.648	0.519	0.307	0.055	2.648
OCF	0.033	0.074	−0.218	0.327	0.027	0.070	−0.218	0.351
Share	0.031	0.029	0	0.114	0.032	0.022	0	0.091

表 5－9　　　股权集中度、超募资金与投资效率

变量	(1)	(2)	(3)	(4)	(5)	(6)	(7)	(8)	(9)
	是否存在股权集中			股权集中程度			股权集中度		
OFAsset × IFShhi	0.002 ** (2.21)								
OFSum × IFShhi		0.005 *** (3.30)							
OFRate × IFShhi			0.004 ** (2.54)						
OFAsset × PowerShhi				0.002 ** (2.19)					
OFSum × PowerShhi					0.005 *** (3.37)				
OFRate × PowerShhi						0.004 ** (2.34)			
OFAsset × Shhi							0.022 ** (2.46)		

续表

变量	(1)	(2)	(3)	(4)	(5)	(6)	(7)	(8)	(9)
	是否存在股权集中			股权集中程度			股权集中度		
OFSum×Shhi								0.019*** (2.73)	
OFRate×Shhi									0.017** (2.15)
OFAsset	0.003*** (5.96)			0.003*** (6.15)			0.003*** (6.37)		
OFSum		0.005*** (4.21)			0.005*** (4.20)			0.004*** (3.96)	
OFRate			0.003*** (3.36)			0.003*** (3.36)			0.003*** (3.25)
IFShhi	-0.001 (-1.03)	-0.001 (-0.78)	-0.001 (-0.47)						
PowerShhi				-0.001 (-1.10)	-0.001 (-0.79)	-0.001 (-0.56)			
Shhi							-0.006 (-1.01)	-0.008 (-1.13)	-0.005 (-0.70)
Size	-0.001 (-0.65)	-0.005** (-2.52)	-0.000 (-0.23)	-0.001 (-0.67)	-0.005*** (-2.59)	-0.000 (-0.28)	-0.001 (-0.65)	-0.005** (-2.35)	-0.000 (-0.23)
Lev	0.015** (2.45)	0.018** (2.55)	0.009 (1.39)	0.015** (2.40)	0.018*** (2.64)	0.009 (1.40)	0.015** (2.37)	0.017** (2.45)	0.008 (1.34)
ROA	-0.028 (-1.52)	-0.026 (-1.37)	-0.031 (-1.64)	-0.028 (-1.49)	-0.024 (-1.29)	-0.031 (-1.63)	-0.028 (-1.48)	-0.024 (-1.29)	-0.030 (-1.58)
TAR	-0.009*** (-3.62)	-0.010*** (-4.34)	-0.010*** (-4.29)	-0.009*** (-3.84)	-0.011*** (-4.41)	-0.010*** (-4.24)	-0.009*** (-3.85)	-0.011*** (-4.39)	-0.010*** (-4.23)
OCF	0.037*** (3.62)	0.038*** (3.66)	0.037*** (3.60)	0.037*** (3.63)	0.038*** (3.74)	0.037*** (3.63)	0.037*** (3.61)	0.038*** (3.66)	0.037*** (3.58)
Share	-0.001 (-0.05)	-0.004 (-0.14)	0.000 (0.01)	-0.001 (-0.04)	-0.004 (-0.17)	0.000 (0.01)	-0.005 (-0.18)	-0.007 (-0.26)	-0.003 (-0.11)
Age	0.000 (0.08)	-0.000 (-0.56)	-0.000 (-0.60)	0.000 (0.09)	-0.000 (-0.58)	-0.000 (-0.62)	0.000 (0.05)	-0.000 (-0.64)	-0.000 (-0.69)
_cons	0.055** (2.01)	0.101*** (3.20)	0.052* (1.86)	0.056** (1.98)	0.103*** (3.29)	0.054* (1.92)	0.055** (1.97)	0.098*** (3.11)	0.053* (1.89)
行业、年度	控制	控制	控制	控制	控制	控制	控制	控制	控制
N	2 649	2 649	2 649	2 649	2 649	2 649	2 649	2 649	2 649
调整后的 R^2	0.053	0.048	0.044	0.053	0.048	0.043	0.054	0.047	0.043
F 统计量	8.089	7.338	6.751	9.185	7.369	6.706	9.321	7.187	6.678
P 统计量	0.000	0.000	0.000	0.000	0.000	0.000	0.000	0.000	0.000

注：*** 表示在 1% 的水平上显著，** 表示在 5% 的水平上显著，* 表示在 10% 的水平上显著。

由表 5 - 9 第（1）~（3）列可知，在是否存在股权集中的组别中，OFAsset ×
IFShhi 系数在 5% 水平上显著为正，且 OFAsset 系数没有发生反转或不显著，原
前文的研究一致，说明存在股权集中度的中小创上市公司，超募资金对投资效
率的影响更强，即超募资金对非效率投资的影响会受到股权集中度的作用，相
比不存在股权集中度的上市公司而言，存在股权集中度能强化超募资金对非效
率投资的正相关关系。第（2）列中 OFSum × IFShhi 系数，OFSum 系数和第
（3）列中 OFRate × IFShhi 系数、OFRate 系数全部显著为正，支持上文的分析。
由第（4）列可知，OFAsset × PowerShhi 系数在 5% 水平上显著为正，且 OFAsset
系数在 1% 水平上也显著为正，说明股权集中度越大，实募资金比率对非效率投
资的正向影响越大，换言之，股权集中度通过超募资金额影响投资效率，股权
集中度高的上市公司利用超募资金，可能导致更多的非效率投资。第（5）列中
OFSum × PowerShhi 系数、PowerShhi 系数和第（6）列的 OFRate × PowerShhi 系
数、PowerShhi 系数均显著为正，支持上文的分析。第（7）~（9）列中股权集中
度作为连续变量，对超募资金与投资效率的关系起调节效应。OFAsset × Shhi 系
数、OFSum × Shhi 系数和 OFRate × Shhi 系数均显著为正，且解释变量 OFAsset 系
数、OFSum 系数和 OFRate 系数也全部显著，说明股权集中度越大，超募资金对
非效率投资的影响越大，即股权集中度会强化超募资金对非效率投资的正相关
关系，因此，假设 1 得到验证。

股权集中度既反映大股东的持股比例，也反映大股东的控制权。有学者认
为中小上市公司及高成长性的上市公司需要大量投资发展，因此投资不足的现
象非常少。徐晓东（2009）、周伟贤（2010）的研究中发现自由现金流越多、代
理问题越严重的企业过度投资的情况也越严重。一旦大股东对企业投资决策有
了话语权，会更加积极地参与投资决策，便更有机会转移超募资金攫取大量收
益，随之出现的是投资过度的现象。投资过度现象除了会导致企业的经营利润
减少、盈利能力下降，还会在一定程度上损害企业的资本市场价值，大股东在
公司受损或衰退前想保住自己的利益，会再利用投资机会转移资金，因此公司
便陷入了非效率投资的恶性循环中。股权集中度、超募资金与投资过度的实证
检验结果如表 5 - 10 所示。

表 5 – 10　　　　　　　　　　股权集中度、超募资金与投资过度

变量	(1)	(2)	(3)	(4)	(5)	(6)	(7)	(8)	(9)
	是否存在股权集中			股权集中程度			股权集中度		
OFAsset × IFShhi	0.004 * (1.88)								
OFSum × IFShhi		0.007 ** (2.20)							
OFRate × IFShhi			0.008 ** (2.25)						
OFAsset × PowerShhi				0.004 * (1.88)					
OFSum × PowerShhi					0.008 ** (2.52)				
OFRate × PowerShhi						0.008 ** (2.24)			
OFAsset × Shhi							0.035 * (1.69)		
OFSum × Shhi								0.027 * (1.73)	
OFRate × Shhi									0.037 * (1.95)
OFAsset	0.004 *** (2.89)			0.004 *** (2.95)			0.004 *** (3.11)		
OFSum		0.006 *** (2.77)			0.007 *** (2.82)			0.006 *** (2.66)	
OFRate			0.004 ** (2.12)			0.004 ** (2.10)			0.004 ** (2.05)
IFShhi	− 0.003 (− 1.17)	− 0.003 (− 1.17)	− 0.002 (− 0.82)						
PowerShhi				− 0.004 (− 1.33)	− 0.004 (− 1.30)	− 0.003 (− 1.04)			
Shhi							− 0.018 (− 1.20)	− 0.019 (− 1.30)	− 0.013 (− 0.86)
Size	− 0.001 (− 0.33)	− 0.007 * (− 1.84)	− 0.001 (− 0.29)	− 0.001 (− 0.38)	− 0.008 * (− 1.94)	− 0.001 (− 0.34)	− 0.001 (− 0.45)	− 0.007 * (− 1.81)	− 0.001 (− 0.37)
Lev	0.035 ** (2.57)	0.042 *** (2.74)	0.028 ** (2.08)	0.035 ** (2.58)	0.043 *** (2.81)	0.028 ** (2.08)	0.035 ** (2.57)	0.042 *** (2.75)	0.028 ** (2.08)
ROA	− 0.002 (− 0.05)	− 0.002 (− 0.04)	− 0.006 (− 0.14)	0.001 (0.02)	0.002 (0.05)	− 0.005 (− 0.11)	0.001 (0.03)	0.004 (0.10)	− 0.003 (− 0.06)

变量	(1)	(2)	(3)	(4)	(5)	(6)	(7)	(8)	(9)
	是否存在股权集中			股权集中程度			股权集中度		
TAR	-0.016 ***	-0.017 ***	-0.017 ***	-0.016 ***	-0.017 ***	-0.017 ***	-0.015 ***	-0.017 ***	-0.017 ***
	(-3.08)	(-3.31)	(-3.43)	(-3.09)	(-3.35)	(-3.43)	(-3.31)	(-3.31)	(-3.37)
OCF	0.044 *	0.047 **	0.045 *	0.045 *	0.048 **	0.046 **	0.044 *	0.045 *	0.043 *
	(1.91)	(2.01)	(1.91)	(1.94)	(2.08)	(1.96)	(1.81)	(1.95)	(1.87)
Share	-0.044	-0.055	-0.050	-0.046	-0.059	-0.054	-0.053	-0.064	-0.063
	(-0.77)	(-0.97)	(-0.88)	(-0.80)	(-1.03)	(-0.94)	(-0.96)	(-1.10)	(-1.08)
Age	-0.000	-0.000	-0.000	-0.000	-0.000	-0.000	-0.000	-0.000	-0.000
	(-0.94)	(-1.19)	(-1.26)	(-0.93)	(-1.22)	(-1.25)	(-1.04)	(-1.26)	(-1.31)
_cons	0.068	0.149 **	0.076	0.071	0.155 **	0.079	0.075	0.150 **	0.082
	(1.17)	(2.23)	(1.28)	(1.22)	(2.33)	(1.33)	(1.27)	(2.25)	(1.39)
行业、年度	控制	控制	控制	控制	控制	控制	控制	控制	控制
N	1 011	1 011	1 011	1 011	1 011	1 011	1 011	1 011	1 011
调整后的 R^2	0.042	0.042	0.038	0.043	0.044	0.039	0.042	0.040	0.037
F 统计量	3.134	3.102	2.909	3.161	3.204	2.931	3.592	3.022	2.857
P 统计量	0.000	0.000	0.000	0.000	0.000	0.000	0.000	0.000	0.000

注：*** 表示在 1% 的水平上显著，** 表示在 5% 的水平上显著，* 表示在 10% 的水平上显著。

表 5-10 中解释变量超募融资与股权集中度的所有交乘项系数均显著为正，且 OFAsset 系数、OFSum 系数和 OFRate 系数在所有回归模型中也都显著为正，没有发生反转或者不显著的现象，因此，股权集中度对非效率投资的影响表现形式在于投资过度，通过关联项目转移超募资金额。

第（1）~（6）列将股权集中度作为两类虚拟变量——IFShhi 和 PowerShhi，分别衡量是否存在股权集中和股权集中度大小。结果显示，相比不存在股权集中度或者股权集中程度低的上市公司，存在股权集中度或股权集中度高的上市公司超募融资对投资过度的影响更大，也就是说，股权集中度会强化超募融资对投资过度的正相关关系。第（7）~（9）列中股权集中度（Shhi）是连续变量，与上文的研究保持一致，探讨股权集中度的调节效应。结果显示，股权集中度越大，超募资金对投资过度的影响也越大。大股东控制通过超募资金影响投资效率，且会强化超募资金与投资过度的正相关关系。控制变量 TAR 显著为负、OCF 显著为正，与上文研究一致，资产周转率越快的上市公司治理越好，发生非理性投资决策的行为可能性更小，自由现金流量越多的上市公司大股东出于自利动机，更有条件和机会将资金过度投资到关联项目，甚至收益为负的项目上，这与徐晓东（2009）的研究一致。

二、大股东控制下产权性质造成超募资金投资效率的差异

现有许多文献将我国上市公司进行了分类，以产权性质为分类标准，将其划分为国有上市公司和非国有上市公司两类。由于治理机制、股权结构、代理成本、经营成果等在不同产权性质的上市公司中呈现迥异特征，因此这两类产权性质的上市公司在超募资金投资效率方面也可能会有差异。

叶松勤等（2013）认为，国有性质的上市公司人格化代表缺位、国有主体虚置，经理层与股东之间的委托代理问题更加严重，经理层出于自利动机更容易造成非效率投资。可见，在不同产权性质下造成非效率投资的主导原因是第一类的委托代理冲突。一般而言，政府作为国有产权上市公司的大股东，对公司的投融资决策有重大干预，为降低委托代理成本，防止经理层的自利行为，不倾向于将大量资金进行投资而非留存在公司里，这样一来投资过度的可能性就大大增加了。

徐晓东（2009）的研究发现国家股权性质似乎会推进过度投资，国有上市公司对经理人的过度投资缺乏约束。另有一些学者结合了控股股东和自由现金流来研究投资过度问题。例如，程仲鸣和复银桂（2009）进行了一系列实证研究，在检验了我国经济转型背景下的控股股东、自由现金流与过度投资三者之间的关系之后，他们认为自由现金流容易导致过度投资的现象，造成投资效率低下，同时，如果控股股东是政府的话在抑制投资过度上的作用会减弱。中小板和创业板上市的公司具有规模小、股权集中度高、委托代理问题突出、高成长性等特征，对于超募资金的需求旺盛，易发生投资过度现象。除了投资过度导致非效率投资外，投资不足也是部分学者研究的焦点。李四海（2015）认为，"与国有控股企业相比，在非政府控股企业中存在一种特有的现象，即大股东控制程度越高，企业因融资约束的限制而导致投资不足的现象越能得到有效控制"。还有些学者从"内部人控制"角度发现国有产权特征会促进投资过度。魏明海和柳建华（2007）的研究认为，国有企业内部人一般不拥有或者拥有少量

的企业股份，更期望将资金用于扩大规模而非生产力的发展或者研发。詹森（Jensen，1993）研究认为，大股东控制下国有企业业绩考核参照资产增长率，因此，管理层内部便不会全力追逐资产收益率等利润指标，而是更加积极地参与到企业规模扩张上来。根据产权理论，国有企业除了具有经济目标外，还承担着稳定社会、促进就业、增加税收等社会责任，而企业的投资扩张可以实现这些任务。库尔特（Kurt，2010）的研究发现，国有上市公司不以追求经济最大化为目标，而是兼顾社会和政治目标，在投融资决策上更多依靠政治主导，投资并购使得国有企业规模越来越大，提供了众多就业岗位，稳定了社会秩序。由上述分析可知，国有性质的上市公司人格化代表缺位、经理层与股东的委托代理冲突、内部人期望规模扩张和政府赋予的社会责任等动因，表现出明显的投资过度倾向。

另外，也有些学者认为国有股权特征抑制了投资过度问题。在政府控制下国有上市公司行政制衡机制和监督机制更加完善，会减少管理层的自利行为，进而减少投资过度行为（周伟贤，2010）。国有上市公司中政府拥有绝对控制权，有理性的投资决策思维，能够对经理层的非理性投资或者目的性投资起到干预制衡作用，抑制投资过度行为，很好地运用超募资金提高投资效率。

因此，针对众多学者研究的焦点，本部分以大股东控制为背景，研究大股东控制背景下产权性质对超募资金投资效率的作用。根据上面的研究，选取存在大股东控制的样本共 1 522 条，采用多元线性回归模型探索产权性质对投资效率的影响。其中，产权性质的数据来自 Wind 数据库。结果如表 5 - 11、表 5 - 12 所示。

表 5 - 11 产权性质、超募资金与投资效率

变量	(1)	(2)	(3)
	投资效率	投资效率	投资效率
OFAsset × State	0.007 * (1.74)		
OFSum × State		0.008 * (1.80)	
OFRate × State			0.011 * (1.81)

续表

变量	（1）投资效率	（2）投资效率	（3）投资效率
OFAsset	0.004 *** (5.41)		
OFSum		0.006 *** (3.78)	
OFRate			0.003 *** (2.96)
State	−0.017 * (−1.71)	−0.082 * (−1.90)	−0.014 * (−1.88)
Size	0.001 (0.47)	−0.004 (−1.59)	0.002 (0.90)
Lev	0.015 * (1.80)	0.018 * (1.82)	0.007 (0.87)
ROA	−0.032 (−1.23)	−0.030 (−1.29)	−0.036 (−1.39)
TAR	−0.011 *** (−3.45)	−0.013 *** (−4.48)	−0.012 *** (−4.05)
OCF	0.022 * (1.68)	0.023 * (1.78)	0.023 * (1.71)
Share	−0.009 (−0.31)	−0.015 (−0.51)	−0.010 (−0.34)
Age	−0.000 (−0.42)	−0.000 (−0.92)	−0.000 (−0.94)
_cons	0.019 (0.55)	0.071 * (1.74)	0.015 (0.42)
行业、年度	控制	控制	控制
N	1 522	1 522	1 522
调整后的 R^2	0.069	0.058	0.056
F 统计量	6.355	6.067	5.273
P 统计量	0.000	0.000	0.000

注：*** 表示在 1% 的水平上显著，** 表示在 5% 的水平上显著，* 表示在 10% 的水平上显著。

表 5 - 12   **产权性质对非效率投资的影响形式**

变量	(1)	(2)	(3)	(4)	(5)	(6)
	投资过度	投资过度	投资过度	投资不足	投资不足	投资不足
OFAsset × State	0.020 **			-0.001		
	(2.15)			(-0.31)		
OFSum × State		0.013 *			-0.001	
		(1.66)			(-0.23)	
OFRate × State			0.016 *			-0.000
			(1.68)			(-0.03)
OFAsset	0.004 ***			0.004 ***		
	(2.60)			(6.37)		
OFSum		0.007 **			0.006 ***	
		(2.10)			(3.63)	
OFRate			0.005 *			0.003 ***
			(1.84)			(3.35)
State	-0.044 **	-0.136 *	-0.021	0.002	0.008	-0.002
	(-2.09)	(-1.78)	(-1.78)	(0.22)	(0.19)	(-0.25)
Size	0.001	-0.005	0.001	0.001	-0.003	0.002
	(0.40)	(-1.03)	(0.34)	(0.36)	(-1.20)	(1.09)
Lev	0.037 **	0.038 *	0.028	-0.010	-0.009	-0.018 **
	(2.08)	(1.90)	(1.57)	(-1.34)	(-1.02)	(-2.41)
ROA	0.029	0.022	0.016	-0.072 ***	-0.069 ***	-0.074 ***
	(0.51)	(0.43)	(0.28)	(-3.20)	(-3.00)	(-3.23)
TAR	-0.019 ***	-0.020 ***	-0.019 ***	-0.004	-0.006 **	-0.006 **
	(-3.10)	(-3.65)	(-3.15)	(-1.27)	(-2.26)	(-2.08)
OCF	0.010	0.015	0.014	0.007	0.009	0.008
	(0.34)	(0.46)	(0.47)	(0.64)	(0.82)	(0.70)
Share	-0.049	-0.064	-0.062	0.033	0.037	0.038
	(-0.75)	(-0.98)	(-0.94)	(1.29)	(1.39)	(1.46)
Age	-0.000	-0.000	-0.000	0.000	-0.000	-0.000
	(-1.04)	(-1.37)	(-1.24)	(0.43)	(-0.04)	(-0.23)
_cons	0.017	0.098	0.032	0.025	0.051	0.011
	(0.23)	(1.17)	(0.42)	(0.78)	(1.39)	(0.34)
行业、年度	控制	控制	控制	控制	控制	控制

续表

变量	(1)	(2)	(3)	(4)	(5)	(6)
	投资过度	投资过度	投资过度	投资不足	投资不足	投资不足
N	589	589	589	933	933	933
调整后的 R^2	0.062	0.053	0.051	0.135	0.109	0.107
F 统计量	2.862	3.032	2.516	7.926	6.452	6.342
P 统计量	0.000	0.000	0.000	0.000	0.000	0.000

注：*** 表示在 1% 的水平上显著，** 表示在 5% 的水平上显著，* 表示在 10% 的水平上显著。

由表 5 – 11 可知，第（1）列中代表超募资金额的实募资金比率与产权性质的交乘项 OFAsset × State 系数显著为正，且 OFAsset 系数也显著为正，说明在大股东控制背景下，与非国有上市公司相比，国有上市公司的非效率投资受超募资金的影响会更加严重，即国有产权性质特征会强化超募资金对非效率投资的正相关关系。第（2）列中 OFSum × State 系数和第（3）列中 OFRate × State 系数也都显著为正，验证了上述分析。可见，超募资金对投资效率的影响受到了产权性质的作用。在国有上市公司中，经理层与股东的委托代理冲突严重，内部人为一己私利，倾向于将超募资金投资扩大规模，由于找不到合适的项目或者投资过度，容易导致非效率投资。控制变量中 TAR 和 OCF 也与上面的研究一致，上市公司经营效率越好，营业收入越高，投资效率水平就越高；现金流越充足，管理层越有机会实施自利行为，越容易造成投资效率低下。

表 5 – 12 列示了产权性质对投资效率的影响，主要表现在投资过度上。在中小板和创业板上市的企业，大部分需要资金扩张以巩固生产经营，因此，经理层便借机主动地寻找投资机会或者寻求关联方，将超募资金转移以满足个人私利，容易导致投资过度。第（1）~（3）列中超募资金与产权性质的交乘项 OFAsset × State 系数、OFSum × State 系数和 OFRate × State 系数全部显著为正，且超募资金也显著为正，没有发生反转或者不显著的现象，说明产权性质能够影响投资效率，具体表现为国有产权性质特征会强化超募资金与投资过度现象之间的正相关关系，即与非国有上市公司相比，国有上市公司超募资金会引起更严重的投资过度问题。第（4）~（6）列中超募资金与产权性质的交乘项系数全部都不显著且发生反转，然而，超募融资的 OFAsset 系数、OFSum 系数和

OFRate 系数全部显著，与之前研究一致，说明产权性质通过超募资金对投资过度产生影响，而非投资不足。

由上述分析可知，国有产权性质特征会强化超募资金对非效率投资的正相关关系。究其原因，可能在于大股东控制下的中小板和创业板上市公司股东与经理层的委托代理冲突在国有产权性质中更加严重，内部人倾向于将超募资金都转移到企业规模扩张或者自利项目上去。政府控制下上市公司并不是以追求股东价值最大化为唯一目标，还具有扩大就业、稳定社会等政治和社会责任，这些原因使得国有产权性质特征通过超募融资影响投资效率。

第五节　本　章　小　结

本章以大股东控制为背景，研究创业板和中小板上市公司超募融资与投资效率的关系。先将大股东控制细分为是否存在大股东控制、大股东控制程度强弱和大股东控制比例三个变量，分别比较不同情况下大股东控制对超募资金投资效率的作用，并具体研究投资效率发生变化的表现形式，即投资过度与投资不足。在得到大股东控制、超募融资与投资效率关系的结论上，本章做出了进一步分析，根据委托代理理论、大股东控制理论和产权理论，对股权集中度、超募资金、产权性质和投资效率之间的关系提出假设，然后参考众多文献研究采用多元线性回归方式验证，得出了以下研究结论：

（1）大股东控制能够强化超募资金对非效率投资的正相关关系。股权集中度越高，超募资金对非效率投资的影响越强。我国上市公司股权结构属于高度集中模式，表现为以非流通股居主导地位。上市公司的股权结构影响公司治理，大股东可以凭借持有的股份在股东大会上进行重大决策，影响董事会、经理层等各种治理机制，间接影响公司重大投融资决策，从而影响公司投资效率。由于存在第二类委托代理问题，即大股东与中小股东的利益冲突，大股东可能凭借决策控制权进行关联投资等侵害中小股东的利益，利用超募资金实施掏空上市公司的行为，或者直接的利益输送，甚至对于收益为负的项目，只要能攫取个人收益都有可能进行投资。大股东持股比例的增加往往会使他们对企业的控制程度增强，他们更有可能积极地参与投资决策，更有条件和机会实施自利行为，使得超募资金对非效率投资的影响增强。

（2）大股东控制是通过超募融资的方式影响投资效率，而且主要体现在投资过度的现象上。大股东对企业的控制权往往随着其持股比例的增加而增加，持股比例越高越有能力和动机转移公司的超募资金到关联方，或者尽可能多地投资到能获取个人收益的项目上。在本章的实证分析中，代表超募资金的所有解释变量显著为正，超募资金与所有代表大股东控制的变量的交乘项也显著为正，说明大股东控制会通过超募资金影响投资过度，大股东控制程度越强，超募资金对投资过度的正向影响也越大。在创业板和中小板上市的公司中，对资金的需求旺盛，急于扩张规模，加上两类委托代理问题严重，经理层和大股东都愿意运用超募资金进行投资，从而大大增加了投资过度的可能性。

（3）在大股东控制背景下，超募资金对投资效率的影响受到产权性质的作用。这种作用主要表现在：与非国有上市公司相比，国有上市公司的国有产权性质特征会强化超募资金对非效率投资的正相关关系。大股东控制下的中小板和创业板上市公司股东与经理层的委托代理冲突在国有产权性质中更加严重，内部人倾向于将超募资金都转移到企业规模扩张或者自利项目上去。

（4）大股东控制背景下国有产权特征会强化超募资金对投资过度的正相关关系。产权性质通过超募资金影响非效率投资，这种影响主要表现在投资过度上。国有性质的上市公司股东与经理层的委托代理问题更加严重，经理层可以凭借公司扩大规模发展的机会，转移超募资金攫取大量收益。国有上市公司不仅需要追求经济目的，还需要承担着扩大就业、稳定社会、税收贡献等社会责任，公司利用超募资金进行扩张，扩大规模，便可以达成这些社会和政治目的。因此，政府也愿意和信任的经理层利用超募资金进行投资，这样一来投资过度的可能性便大大提升。

第六章
基于行为金融视角的超募资金
投资效率分析

第一节 理 论 分 析

一、相关概念界定

（一）投资者情绪

情绪是出自心理学的概念，是对人们一系列主观认知经验的通称，是将多种感觉、思想和行为综合在一起而产生的心理和生理状态，通常是在受到外界环境的刺激后而产生的一种心理上的反应和主观上的信念，伴随着认知和意识对外界环境或事物的体验。心理学上对于情绪的定义各不相同，但其组成部分大多一致，即身体的变化、意识的体验和认知的成分。

投资者情绪的概念在行为金融学理论中被广泛提及。行为金融学是金融学和心理学相结合的一门学科，投资者情绪就是其中一个典型代表。投资者情绪与心理学关系密切，其本身存在着严密的心理学基础，主要体现在投资者的认知或观念所产生的心理偏差，主要包括过度自信、过度乐观、保守主义、信念偏执、锚定效应、前景理论、模糊厌恶等方面所产生的心理偏差。投资者情绪的产生，除以上各种偏差所代表的投资者在心理上的有限理性作为基础之外，还源于证券市场的信息不对称现象以及投资者个人素质的差别。在有效市场假说传统理论的基础上，应当遵循有效市场上"完全信息"的假设，但是，在现实的证券市场上，"完全信息"无法实现，信息存在着不对称的现象，不对称的信息加剧了投资者进行投资活动时的心理偏差，再加上投资者素质各异，无法进行全面、合理和科学的论证分析，无法做到理性决策，投资者情绪从而普遍存在。

如何对投资者情绪进行科学的定义一直是学术界争论的话题，不同学者给出的定义有所差别，具体而言有如下几个方面：第一，在心理与认知方面，投资者情绪是投资者背离主观预期效用理论或错误应用贝叶斯法则而形成的价值认知（Shleifer，1998），或出自心理与认知的偏差而产生的基于情感的判断（王美今、孙建军，2004）；第二，在信念与态度方面，投资者情绪是促成投资观念并对其产生持续影响的认知过程（Barberis，Shleifer and Vishny，1998），或投资者对投资的态度和看法（Vndana，2001），或投资者在广义上的信念和观念（Baker and Wurgler，2007）；第三，在预期偏离与股价偏离方面，投资者情绪是投资者因对证券市场的预期与标准状态进行比较而产生的乐观或悲观的情绪（Brown and Cliff，2004；饶育蕾等，2003），或由于投资者的非理性心理而导致的市场预期偏离真实价值的现象，表现在证券市场价格对内在价值的偏离，即错误定价现象（Stein，1996；Polk and Sapienza，2009）；第四，在投机方面，投资者情绪实质上是一种投机倾向引发的相对需求（Baker and Wurgler，2006；蒋玉梅和王明照，2006）。

纵观以上学者们给出的各种不同定义，虽然对投资者情绪的定义并未统一，但大多与投资者的信念或预期有关。由于投资者本身非理性的心理特征以及资本市场的信息不对称现象，投资者必然产生主观信念上和预期上的偏差，导致股票价格在一定期间内偏离其价值。

（二）股票误定价

股票误定价，即股票的"错误定价"，或股票的"非公允定价"，是指资本市场对个股的定价发生了偏差。股票误定价的基本含义就是指股票的价格偏离真实价值的部分，在这种含义下，股票的价格中存在不同的构成成分，其中一部分代表着股票的真实价值，其余部分就代表着错误定价的部分（Farhi and Panageas，2006；Elliott et al.，2009）。股票价格对真实价值的偏离具有方向性，既可能低于真实价值，也可能高于真实价值，股票价格高于真实价值的差额或者低于真实价值的差额都属于误定价。

股票误定价概念的基本思想在于"定价偏离真实价值"，学者们对该基本思想的观点保持了一致，但在研究过程中，对个股定价在不同口径下分别进行了研究，形成了不同的研究视角，对误定价在理论和实践上进行了丰富和充实，如以资产价格的正向偏离为口径进行研究形成的价格泡沫视角（Flood and Garber，1980）、以股价当中所含有的公司基本面的信息为口径进行研究形成的股价信息质量视角（Morck，2000）、以盈余管理形成的价值偏离为口径进行研究形成的应计盈余误定价视角（Sloan，1996；Drake，2009）。

不同理论背景下，对股票误定价形成因素考量的侧重点有所不同。在行为金融学的背景下，股票误定价的形成，主要是由非理性因素（投资者情绪）造成，由于投资者存在非理性心理、资本市场的信息存在不对称现象，投资者在投资活动中产生信念与预期的偏差，导致股票发生错误定价。股票的内在价值是未来现金流量的现值，在完全市场和强势有效市场中，股票价格往往不会偏离内在价值，即使存在一定差异，也会被迅速纠正。但现实的资本市场还未达到有效，不存在"完全信息"，股价并未反映所有信息，信息的严重不对称加剧了投资者的非理性心理，在投资者情绪的普遍存在下，股票发生错误定价、愈发偏离真实价值。将非理性因素进行一定程度上的拆解，并结合其他理性因素，可知股票误定价的形成原因主要在于三个方面：现实的、非有效的资本市场本身存在的信息上的不对称现象（Li，2011；谭跃，2011）、投资者非理性的心理特征（Bushman，2001；徐浩峰，2012）以及其他理性因素。

（三）迎合性投资

迎合性投资是指上市公司为实现某种目的而故意迎合资本市场上的投资者情绪而做出投资决策的现象。由于投资者情绪的普遍存在，股票被错误定价，股票价格偏离真实价值，这对上市公司和投资者等参与者的经济决策产生重要影响，其中之一就是上市公司的投资决策，因此迎合性投资实际上是投资者情绪对上市公司产生作用后的结果。

投资者情绪以一定的方式对上市公司投资决策产生影响，进而影响上市公司的投资水平和投资效率，造成上市公司投资水平异常和投资效率低下。因采取迎合性投资的上市公司所要实现的目的不同，投资者情绪对该投资决策的影响方式也就不同。具体而言，投资者情绪对企业投资产生影响的渠道主要有两个：股权融资渠道和理性迎合渠道。在股权融资渠道方面，上市公司迎合投资者情绪的动机在于低廉的融资成本，即由于不同市场情绪下的股权融资成本不同，公司采取不同的投资决策以迎合投资者情绪，以便降低融资成本；在理性迎合渠道方面，上市公司迎合投资者情绪的动机并非在于股权融资成本，而在于投资者对公司的持续正向预期，即使不存在外部的融资约束、拥有较强的外部融资能力，企业仍会为了长期战略或短期目的而迎合投资者情绪，从而缓解外部治理压力。

从上文可知，股权融资渠道和理性迎合渠道虽然都是通过研究投资者情绪对上市公司投资决策的作用方式，并且最终都形成迎合性投资，但是两者的作用对于投资行为的性质和程度有所不同，股权融资渠道是间接的作用，而理性迎合渠道则对企业投资产生直接的作用。

（四）投资者情绪、股票误定价与迎合性投资的逻辑关系

在行为金融理论的框架下，从资本市场效率方面对中小企业超募资金投资效率进行分析，不免涉及上述三个基础性概念，三者对行为金融理论下资本市场本身的效率特征做出了清晰的说明，并且相互之间亦具有密切关联。中小企业所在资本市场本身及其参与者的特征决定了投资者情绪和股价的易误定性的普遍存在，以投资者情绪为主的非理性因素导致了股票被错误定价，股票误定价也成为投资者情绪的主要表现形式，而迎合性投资则是采取不同渠道对企业投资决策发挥作用所产生的结果，这些渠道是根据投资者情绪作出的。简而言之，市场普遍存在"情绪"，"情绪"实际上是一种偏差，该偏差会引起股票的"错误定价"，进而助长了"迎合性"的投资行为。因此，在行为金融学的背景下，投资者情绪在三者中处于核心地位，以之作为衡量资本市场特征的重要变量是较为合理的。

自经济学鼻祖亚当·斯密于 18 世纪提出"经济人"的假设，抽象了人的利己主义行为，这一概念受到越来越多人的认可；随着理论的发展，"经济人"的说法逐渐被"理性人"的说法所代替，但是袭承的主要精神一致，都是以很多苛刻的假设为前提。这些假设中就包括人是完全理性的假定。可是事实上，并没有人是完全理性的；人们在做决定的时候，必然会受到当下情绪的干扰和当时所处环境的影响。学术界在慢慢注意到"理性人"假设松动的同时，提出了行为金融学理论。行为金融学的最大亮点是，不仅点明完全理性的人在实际生活中是不存在的，同时还通过理论证明：在长期的经济交易过程中，非理性交易者相对于理性交易者，对交易价格会产生更为重大的影响，从而支持了其理论发展。

过度自信源于参与者对于概率事件可能发生结果的估计偏差。行为金融学研究者在多次观察经济参与者的投资决策之后发现，大部分的参与者都过于乐观，都相信自己未来的投资存在盈利空间。这可以用于解释一些人对于购买彩票的热衷：彩票的奖金是一定的，中奖概率也很低，而彩票购买者总是基于自己中奖的假设才去买彩票。通过对金融市场的观察，可知过度自信对股市的交易量，市场的效率、波动性以及投资者的期望效用都产生了明显的作用。管理层是企业的中高层管理者，学历和经历相较企业中的其他人员而言具有一定优势，同时也是企业中的决策者，因此，管理层的过度自信自然成为关注的重点。中小上市公司管理层的任务不仅包括对股东进行定期或不定期的财务成果汇报，更为重要的是吸引更多的投资者，所以就不难理解管理者迎合投资者的动机和压力。

二、资本市场效率与投资效率

（一）资本市场投资者情绪与上市公司投资效率

1. 我国弱势有效的资本市场导致投资者情绪的盲目性

有效市场假说（efficient market hypothesis）于 1970 年由法玛（Fama）提出，是在完全理性假设上的完全竞争市场模型，具有严苛的适用条件，主要包括：第一，股票市场是完全竞争的，无交易成本；第二，信息是完全的，即投资者可以免费获取任何信息；第三，投资者是理性的，其目标在于收益最大化。

在以上假设条件的基础上，有效市场假说认为通过分析股票价格可以充分得到所有需要的信息。法玛进一步将有效市场进行分类：弱势有效市场、半强势有效市场以及强势有效市场。首先，在强势有效市场上，所有的信息都会在股票价格中得到完全的反映，包括历史信息、公开信息和内部信息，这些信息无法获取收益，这种有效市场是一种最优状态，市场效率最高，这在现实中是难以实现的；在半强势有效市场上，历史信息以及公开信息可以在股价格中得到完全的体现，但其无法反映内部信息，投资者只能通过已公开的信息进行判断，但是所有信息一旦公开，就会迅速反映到股价当中去，投资者无法通过公开的信息获利，基本面分析无效，市场效率较高；在弱势有效市场上，股价只能反映历史信息，公开信息和内部信息无法取得，投资者只能根据历史信息进行判断，由于股价只能并已经充分地反映了过去的信息，因此依据历史信息趋势预测进行投资分析无效。

有效市场理论提出后，在备受推崇的同时，也广受诟病，因其过于严苛的假设条件与现实严重不符，在实际应用中困难重重。即便如此，有效市场理论的提出也成为现代金融学诸多理论的基础，许多现代金融理论就是对有效市场理论的假设条件进行逐步放松和修正而逐渐发展起来的。其中，对三大假设之一的"投资者理性"条件的挑战，加大了行为金融学的影响，在行为金融理论中，"完全理性"被"有限理性"所取代，并更多考虑了心理因素的影响，投资者情绪、股票误定价等概念的提出和相关的研究就是典型代表。

市场的效率可以用市场价格对信息的反映程度来衡量。效率较高的市场，其价格中往往可以充分反映更多的信息。我国资本市场的情况如何？一方面，我国仍处于弱势有效市场，市场效率较为低下，信息不对称等现象较为严重，股价易误定；另一方面，我国资本市场同样严重不符合有效市场理论的假设条件，投资者无法做到"完全理性"，因而投资者情绪广泛存在。

2. 市场信息的不对称直接诱发投资者情绪的形成

信息不对称理论（asymmetric information theory）最早由阿克洛夫（Akerlof, 1970）提出，随后在许多学者的进一步研究中得到不断发展，最终得到完善，成为极具影响力的重要理论之一。信息不对称理论的提出及应用使阿克洛夫等学者获得诺贝尔经济学奖，可见本理论的重要地位。

广义上而言，信息不对称理论是指在某个市场或一方所拥有的信息的数量或质量优于另一方的现象，其中以所有者（股东）和经营者（管理层）之间的信息不对称现象最具代表性。在上市公司经营管理当中，股东和管理层所知道的信息并不相同，管理层对有关本企业的日常经营活动情况、财务状况以及未来战略计划等方面的信息往往一清二楚，但股东只能基于信息披露制度获取公开信息，因此管理层拥有更多更充分的信息，股东在信息上处于劣势的地位。不仅仅股东，其他外部利益相关者，特别是广大投资者，与管理层相比，在信息上也处于劣势的地位，他们无法掌握全面且充分的信息，这势必会对投资者的预期和投资行为带来重要影响。

从前文可知，投资者情绪的形成，是在心理基础上存在非理性或认知偏差，在外在的信息不对称环境的作用下，形成信念方面和预期方面的偏差，最终外化为股票价格对真实价值的偏离。因此，信息不对称加剧了投资者非理性心理的外化，是投资者情绪产生的重要条件之一。投资者在进行投资决策时，大多依据管理层公布的公开信息，难以充分获取全面的信息，面对管理层拥有更多更充分的信息的事实，其非理性心理得以加剧，最终形成预期和标准的巨大偏差，表现在股票价格对真实价值的巨大偏离。在信息不对称理论的解释下，投资者情绪的形成机制得以完善，从而发挥其引发股票错误定价、反过来促使上市公司进行迎合性投资的重要作用。

3. 上市公司迎合性决策影响投资效率

当投资者情绪使上市公司发生预期偏差和错误定价时，管理层会考虑这种预期偏差导致的外部治理压力，从而迎合投资者情绪。理性迎合理论认为，投资者情绪是通过理性迎合渠道来发挥其对企业投资的作用的。理性迎合理论为理性迎合渠道这种作用机制提供了坚实的理论支撑。与股权融资渠道相比，理性迎合渠道是在剔除融资约束情况下投资者情绪对企业投资决策效率产生影响的更为直接的方式。

理性迎合理论的提出，建立在股利迎合理论（Baker and Wurgler，2004）的基础上。股利迎合理论认为，上市公司的股利政策决策依赖于投资者对股利的需求状况，根据投资者对股利的偏好选择股利政策。随后，学者们提出了投资者非理性情绪引发股票误定价从而影响上市公司投资决策的理论，即理性迎合理论：上市公司管理层为了追求短期利益，迫于外界治理压力，为避免投资者抛售股票导致股价下跌，从而迎合投资者情绪。股权融资渠道侧重于从融资约束的角度探讨投资者情绪对企业投资决策效率的作用，相关学者研究发现，在排除股权融资现金流的影响后，投资者情绪仍然显著影响上市公司投资水平（Polk and Sapienza，2004）。而后通过进一步研究发现，对投资者情绪的迎合具有特异性，会因企业特质的不同而不同，受影响企业的投资效率往往低下（Polk and Sapienza，2009）。

具体而言，上市公司管理层会根据投资者情绪的不同，而在投资决策时进行针对性迎合，从而影响企业投资的水平和效率。具体表现在迎合投资者情绪扩大或缩小投资的规模和进行配置资本、迎合高涨的情绪而选择被投资者看好的项目以及迎合低落的情绪而放弃不被投资者看好的项目，从而在总体上因其企业投资异化：投资水平异常、投资效率低下。

4. 资本市场投资者情绪影响企业投资效率

投资者情绪导致上市公司发生预期偏差和错误定价时，管理层在面临不同程度的融资约束的情况下，为获取成本低廉的融资来源，从而迎合投资者情绪以制造市场时机。股权融资理论认为，投资者情绪是通过股权融资渠道对企业的投资活动产生作用的。股权融资理论为股权融资渠道这种作用机制奠定了理论基础。

股权融资理论最早可追溯至凯恩斯（Keynes，1936）的相关论述，随后经过一些学者如斯坦（Stein，1996）、金德尔伯格（Kindleberger，2000）及贝克（Baker，2003）等进行的研究，对其进行不断完善，最终得以成型。凯恩斯（1936）在其经典文章《就业、利息与货币通论》中曾经提到，非理性因素存在于股价当中并且会对股价产生十分重要的影响，并且这些因素会对上市公司权益融资成本和其方式也产生重大影响，从而进一步影响企业的投资行为，说明投资者情绪会引起股价发生变化，从而导致企业融资成本的变化，进而作用于企业的投资行为。资本市场上不同的投资者情绪随市场时机各异，学者们对市场时机是否以及怎样影响企业投资的观点各不相同，有投资无关论和投资相关论之分。投资无关论认为企业投资与资本市场的投资者情绪无关，这是由于当股价较低时公司可以回购自身的股票并将多余的股票存起来，因此不一定会影响企业的投资（Stein，1996）。投资相关论则认为，在面对融资约束而且依赖股权融资时，公司股权融资的机会受到资本市场上投资者情绪的影响，相应股权资本成本也会发生变化，公司直接面临融资问题，从而对投资项目产生影响。贝克等（2003）通过建立股权融资依赖指数，按照企业对股权的融资依赖程度大小对其进行分类，发现股权融资依赖程度越大的企业，股价波动会对投资水平产生巨大影响，即其投资水平对股价波动会更敏感。

股权融资理论的动机在于成本低廉的融资来源，其表现在通过迎合投资者情绪来创造有利的市场时机，以便降低企业的融资成本，为投资活动筹集资金。当企业处于有利的市场时机下，其融资会比较顺利、资金比较充足、投资积极性比较高；当企业处于不利的市场时机，则会出现融资困难、资金匮乏，以至于放弃投资。上市公司会在投资者情绪较为高涨时，为减小融资难度、降低融资成本而迎合高涨的情绪进行过度投资；在投资者情绪低落时，为迎合低落的情绪，放弃净现值为正的项目，形成投资不足。这在总体上都造成了投资效率的低下。

（二）投资者情绪影响超募资金的投资效率

1. 投资者情绪与中小上市公司 IPO 超募

2009 年 6 月，IPO 得以重新启动，随着新股不断发行，中小上市公司的超募现象一直存在。创业板开启之后，市场上出现发行价高、市盈率高以及超募额高的"三高"现象，一时引起众多学者和广大社会公众的疑虑。到 2011 年底为止，中小板和创业板上存在超募的上市公司数量达到 623 家，占据同期全部 IPO 总数的 88%。中小板的超募率为 124%，而创业板更高，达 171%，与之相比，同期主板的超募率仅为 49%，显示出中小上市公司存在的严重的超募问题。上市公司 IPO 超募筹集资金，而非上市的中、小、微企业则存在大量的融资难问题，二者形成了强烈的对比反差。巨额超募筹集资金给企业的主业经营活动以及对投资者利益的保护带来了大量问题，同时也影响着资本市场的资源配置效率。由于国内外资本市场的巨大差异，国外企业很少出现 IPO 超募，与之相关的国外文献很少，以国内为主。对于超募的研究，主要集中于 IPO 超募原因分析、IPO 超募的影响、超募资金的投向等方面。其中，在对 IPO 超募的影响因素进行分析时，主要从市场方面（投资者心理特征及信息不对称）、发行人方面（实现价值最大化）和制度方面（发行与询价制度不合理）进行。

行为金融理论对传统有效市场假说在"完全理性"上的突破，使得在探讨 IPO 超募现象时充分考虑了投资者情绪的影响。有效市场假说存在投资者"完全理性"的假设，认为投资者可以通过收集市场上所有的相关信息并对其分析，并在此基础上对特定证券进行正确的价值判断。从 20 世纪 80 年代开始就出现了众多与有效市场假说相矛盾的实证研究。然而通过对传统理论进行不断修正，很多一开始让人迷惑不解的现象终于通过行为金融学得到了解释。行为金融理论指出，市场上有些投资者并不将企业的基本面当作其交易的基础，而是通过分析资产价格的前期变化即市场过去的一个走势情况来制定企业之后的交易策略，这一非理性的噪声交易被称为反馈交易（Shleifer A.，1999）。正反馈交易，就是指投资者在上涨时坚信其持续趋势而加速买入，在下跌时加速卖出的现象。

我国股票市场中新股发行时，新股首日收益越高，参与新股申购的投资者越多，他们不关心个股基础价值，只关注上市首日的高额回报，这种现象就是一种典型的正向反馈效应。由于创业板是对企业高成长、高技术、高价值的定位，因此大多数投资者对创业板的预期也都很高。这种高预期的加剧对投资者对新股的价值判断产生了极大的作用。同时，上一期新股上市表现得越好，即使发行价较高，也更易于被询价机构接受。承销商在了解到投资者的情绪后，会随之提高发行价，甚至高于之前拟定的基础价（Ljungqvist，Nanda and Singh，2006）。正向反馈效应的存在，保证了高发行价格下足够的申购量。所以，正向反馈效应的存在，成为 IPO 超募现象的影响因素之一。投资者情绪作为反馈交易的形成基础，在其中起到重要作用。

实际上，无论是超募现象，还是投资者情绪的存在，都反映出我国资本市场低效的特征。根据有效市场理论，我国资本市场的类型是弱势有效市场（张兵，2003），市场中信息不对称的现象极为严重，并且投资者的非理性程度也很高（戴园晨，2001），投资者的行为也体现"羊群效应"以及"反馈效应"等特性，一旦股价中包含了极其重要的非理性因素，就会直接对企业的投资行为产生影响（Keynes，1936）。

2. 投资者情绪波动加剧了超募资金的低效率投资

中小上市公司广泛存在的 IPO 超募现象，带给企业巨量金额的现金流。但是我国与之相匹配的基础制度（如中小投资者保护、经理人市场和控制权市场等）尚未完善，故很可能会影响公司的投资效率。IPO 超募使得企业得到巨额现金流，从而引起企业投资效率低下。IPO 超募对投资效率的影响，体现在超募资金的"自由"和"廉价"两大特征上，与此相应，超募对投资效率的影响，可以从自由现金流过度投资理论和廉价现金流理论两个方面来解释。

自由现金流过度投资理论认为，当公司具有较多现金时，公司管理层倾向于谋求私利，从而易使企业的投资效率低下。理查森（2006）在对自由现金流投资水平进行探究后得出结论：现金流较高的企业更倾向于发生过度投资的行为。帕夫琳娜和伦内堡（Pawlina and Renneboog，2005）在检验投资对现金流的敏感度后，发现作为其原因的代理成本与内部人所有权呈线性关系。钟和德格里斯（Jong and Degryse，2006）在检验了投资对现金流的敏感度后，发现其原因在于管理层滥用权力和信息不对称两个方面。魏、约翰和张（Wei，John and

Zhang，2008）在检验投资对现金流的敏感度后，发现敏感度与大股东对现金流的持有权反向变动，与大股东现金流权的分离正向变动。爱德华、哈洛克和皮尔斯（Edward，Hadlock and Pierce，2009）在探究了企业现金流和资本性支出之间的关系后，发现两者之间因果关系的存在，认为这种因果关系在公司存在财务约束时会更加显著。

廉价现金流理论认为，因受到监管的现金流与自由现金流在成本上存在巨大的差异，当公司存在巨额自由现金流时，更易引起非效率投资。该理论最早是由詹森（1980）提出，之后更进一步被斯特劳兹（Stulz，1990）模型化。该理论认为，由于企业内部资金的成本过于低廉，这一部分资金的利用会促使公司在做出投资决策的同时忽略投资项目本身，从而引发非效率投资的现象。企业进行 IPO 时公布的招股说明书中往往会对计划募集的资金金额和相对应的配套项目有所规定，而这一部分超额募集的资金是因为市场定价大于企业的预期而形成的超额募集，该资金并未规定明确的使用投向，因此很大程度上会被企业滥用，使得资金利用缺乏效率。

实际上，IPO 超募是从外源现金流的角度对投资效率发挥作用。在此过程中，投资者情绪起到内化作用，从而推动和加剧超募资金的非效率投资。具体而言，我国资本市场效率低下的基本特征决定了股价易误定的特点和投资者情绪的普遍存在，市场上的信息不对称现象加剧了投资者非理性心理的外化，促使投资者情绪最终形成，从而使作为 IPO 超募现象影响因素的投资者情绪通过理性迎合渠道和股权融资渠道作用于企业投资决策，最终导致投资效率低下。

三、上市公司管理层心理特征影响投资效率

（一）管理层过度自信对超募资金投资效率的影响

由前文的分析我们可知，中小上市公司的股价具有易误定性的特征，即容易受到非理性因素的影响。凯恩斯（1936）在《就业、利息与货币通论》一文中曾经说明股价的变化中含有许多十分重要的非理性因素，企业的权益融资方

式以及权益融资成本往往会因为这些非理性因素而发生改变，最终将作用于企业的具体投资行为。管理者可以通过对股票市场时机进行分析来洞悉企业的融资机会并为其选择合适的融资方式，这就表明股票价格的市场表现会对公司是否能够顺利筹集到资金产生重要的影响。若股票价格随着投资人情绪高涨而上涨，则企业更可能筹集到更多资金以便能够顺利地实施企业进行的投资项目；然而如果股票价格被市场低估，则由于这时并不是进行股权融资的最佳时刻，企业可能会相应地选择推迟或者直接放弃一些已经确定的项目。当管理者对项目的未来发展过度乐观时，其可能投资那些净现值为正的项目；但是对于中小企业的超募融资行为来说，其公司的投资项目很难充分利用筹集到的资金，当管理者盲目自信时，会在一定程度上高估已有投资项目的收益，进而造成公司投资不足。

在理性的股市当中，只有当涌现那些新的信息时，股价才会随之发生变化。然而如果投资者过度自信，则市场的波动性就会受到影响。过度自信与市场效率之间的相关性的强弱因信息在股市中散布方式的不同而受到不同程度的影响。可以假设，如若少部分的信息被众多的投资者所获取，或者是那些公开披露的信息被众多投资者进行了不同的诠释，则这些信息就会由于过度自信而被过度估计，使得股价无法反映资产的真实价值，在此情况下过度自信会损害市场效率。假如这些信息只可以被内部人所获取，则这些人员如果过度自信，就更可能会过度高估所获取的私人信号，如果利用大量交易来暴露其获取的私人信息，那么，做市商、其他投资者便会立刻使资产价格靠近其真实的价值。假若时间是内部人信息的敏感因素，则这些信息会在他们交易完成后立刻变为公共的信息，则此种效率收益仅仅是短暂的，此时的过度自信又恰恰使得市场效率得到提高。

（二）管理层迎合性决策影响超募资金投资效率

在分析我国上市公司的资金投资效率时，不仅要站在公司的角度，同时也需要考虑到整个市场中的其他参与者，其中不可忽视的一个群体就是投资者。市场中的投资者的需求具有多样性：某些投资者可能希望自己的投资是价值投资，相应地，这样的投资者会更希望投资对象业务清晰、盈利稳定，由能力出众的管理者经营，并且会在投资持有时间上较为长久；某些投资者可能仅仅是在投机，追求快速而短期的利益；某些投资者可能没有明确的投资定位，基本上跟随市场中所谓的投资走向做出自己的投资选择，在投资持有时间上和投资额上表现出无规律的特点。从现有的投资者本身来看，因为获取全面投资市场信息和灵活运用投资工具的能力需要大量的成本，这种成本不仅体现在知识的储备上，更体现在对于资本市场的把握上；同时，我国资本市场中的投资信息也并非透明，所以具有明确的投资目的和投资方式的投资者其实在全部的投资者之中占比较少；市场中大部分的投资者具有从众心理，并且对于股票的价格或是股利支付需求有不确定的变化，容易受到情绪波动的影响和市场行情的推动而进行投资决策。

从公司融资的角度出发，公司管理层倾向于尽可能地向投资者发送公司盈利状况稳定的信号，但是，在考虑到投资者差异化利益诉求之后，公司管理层需要权衡投资者是希望通过短期股票买卖价差获利还是通过长期的股利分配和价值成长投资获得回报，从而制定出与之对应的政策。那么，公司的管理层关于企业价值最大化的目标就会分化为：迎合投资者短期股票买卖价差的短期企业价值最大化或是迎合投资者价值投资的长期企业价值最大化。在进行决策时，管理层常常会考虑的问题是：短期的企业价值最大化目标与长期的企业价值最大化目标之间是否有矛盾，如果这两者之间不存在冲突，那么公司就可以通过实现各个时期的短期企业价值最大从而达到长期而稳定的企业价值最大化目标。

在不完全的市场中，公司管理者需要推测投资者的意图和投资特点来操作公司的股价，以达到迎合投资者的目的。这个时候，公司的管理者在评估投资者意图的基础之上，更需要衡量迎合投资者将要付出的成本与从投资者身上获得的回报。可见，公司所获得的回报在极大的可能性之下会超越公司为迎合投资者所付出的成本。因此，公司的管理者就拥有了迎合投资者的直接动机。产生了迎合动机之后，投资者便成为影响公司股票价格的重要因素：管理层会去了解投资者对于股票的期待价格和股利支付政策，从而采取各种措施使股票价格达到投资者的期望水平并尽可能去满足投资者期待的股利。由此看来，投资者在市场中的情绪化会在一定程度上引发公司管理者的情绪化，考虑到公司管理者自身还带有情绪化因素的影响，这种内外的合力作用将导致公司管理者的非理性行为。

第二节　研 究 设 计

一、关键变量界定和度量

（一）投资者情绪

本节的关键变量为投资者情绪，其度量也一直是相关研究中的棘手问题，方法众多，并无公认或固定的主流方法。通过查找相关文献，发现直接指标法与分解法是研究界推崇的两种度量方法。直接指标法为利用某些既有的指标代表投资者情绪，比较有代表性的有市账比指标、换手率指标、分析师预测离散程度指标、操控性应计指标、短期动量指标等；分解法则是考虑到直接指标法下的衡量指标中所包含的无关部分，从而将误定价部分从基本价值中分离出来，典型的有前期的损益或者红利水平、分析师对未来盈利预测的贴现值、主营业务收入增长率、公司规模、杠杆率和盈利能力、公司的净收入和杠杆率等。

在实际操作当中，用以代表投资者情绪的变量也是多种多样，如利用股票收益率（Fama，1998；Mitchell and Stafford，2000）、利用操控性应计额或结合综合股票发行指数（Sloan，1996；Teoh、Welch and Wong，1998；Chan et al.，2001）、市账比等。鉴于前两种方法并未将股票价值中的理性因素和其他因素剔除，本书拟采取分解法的思路，使用莫奇等（Morch et al.，1990）、戈亚尔和山田（Goyal and Yamada，2004）、王美今和张戈（2007）的方法，分解托宾 Q 这一指标，即将净资产收益率、资产负债比和主营业务收入增长率与托宾 Q 值进行回归，在控制年度和行业后，以拟合后得到的残差值作为股票价值当中的误定价部分，用来衡量投资者的情绪。

（二）管理层过度自信

在衡量管理层过度自信的方法上，学术界一直以来都没有统一的做法，因为过度自信本身就是一种对于心理状态的描述；外界如果想要公允的衡量这种内心的特征，只能借由企业对外公开的数据和资料，而这些资料所代表的高管特征是从决策过程以及决策结果的角度企图去拟合管理层的个人特点。就目前的研究而言，国内外学者主要采用五种方法衡量管理层过度自信。比较常见的方法是将管理层持股的变动（郝颖等，2005；Ahmed and Duellman，2013；Campbell et al.，2011；Malmendier and Tate，2005）以及盈余预告偏差（余明桂等，2006；Lin et al.，2005）作为管理层过度自信的替代变量；姜付秀等（2009）使用管理者薪酬集中程度；施兰德和泽奇曼（Schrand and Zechman，2012）使用企业过度投资程度；余明桂等（2006）也曾利用国家统计局公布的企业景气指数来衡量管理层过度自信。

按照我国证监会《公开发行证券的公司信息披露编报规则第13号〈季度报告内容与格式特别规定〉》相关规定，上市公司一旦预测出本年初至下一报告期的期末产生的净利润将出现负数或者相较于上年同期变动重大，则需要做出相关警示和原因说明。由此，公司的管理层被要求对该年的净利润在第三季度季报和业绩预告中进行相应的估计以及披露。受过度自信心态影响的管理者偏向于过高估计企业盈利能力，从而披露出的业绩报告也显得过度乐观。所以，这里选取在第三季度发布的全部乐观业绩预告（包括扭亏、续盈、略增、预增）的上市公司作为研究样本，当发现相应的企业业绩没有实现预测水平，就可以认为该企业的管理层是过度自信的。

二、研究假设

（一）投资者情绪对 IPO 超募与企业非效率投资具有调节作用

依据之前章节分析，IPO 超募资金形成企业的"自由现金流"并造成资金再投资效率低下的原因是多方面的，有企业内部原因，也有企业的外部原因，因不同企业所处的环境不同，具体原因也是有差别的。在本章上述分析中，投资者情绪源于资本市场的非效率性，是由市场中固有的信息不对称性所决定的，进而引发股票市场的误定价，并反过来促进上市公司迎合性决策，而并非完全取决于项目的内在价值性，最终导致超募资金投资效率的低下。所以，投资者情绪代表着行为金融理论下资本市场效率方面的基本特征，在 IPO 超募导致投资效率低下的过程当中，起到内源性的调节作用，总体上助长了 IPO 超募引起的投资效率低下。

投资者情绪的类型有两种，即高涨的市场情绪和低落的市场情绪，而企业投资的非效率也有两个方面的表现，即投资过度和投资不足。在资本市场中，不管投资者的情绪是高涨还是低落，均会对企业的投资决策行为产生实质性影响，因为企业控股股东和高管会考虑投资者的想法，如何更有效地提升公司的股票价格，实现股东财富最大化，在对超募资金的投资决策行为中会不自然地迎合投资者的情绪，从而引发投资的非效率性，即产生投资的过度或投资的不足，换言之，因投资者情绪的类型不同，IPO 超募资金投资所导致的投资效率的表现形式也会有所不同，其中蕴含着投资者情绪的内源性调节作用。

假设 1：资本市场投资者情绪的波动性将会导致超募资金投资的非效率性。

进一步分析，如果上市公司存在外部融资约束情况，从股权融资的渠道来看，当市场投资者情绪高涨时，公司往往会借助市场股价上扬的契机实施股权融资，可有效降低融资成本，高股价形成的超募资金再投资，又会迎合投资者的狂热情绪带来股价的反应，超募资金越多则更容易导致过度投资现象的产生；相反，在市场投资者情绪低落的时候，公司往往也会迎合投资者低落的情绪，净现值即使为正的项目也可能会被放弃，导致另外一个极端，即投资不足。另外，如不考虑融资约束情况，从公司决策对投资者情绪的理性迎合来看，公司决策者会根据投资者情绪的不同而实施迎合性的投资，在投资者情绪高涨时，为提升公司市场股价，公司决策者往往会将超募资金投向投资者喜爱的行业或项目，且投资者这些喜好往往会随着时间的变化而不断变化，这无疑会增加投资项目的不确定性，并将投资项目的盈余和价值作为核心决策指标，可能会导致资金投到了净现值为负的项目中，其结果必然形成过度投资；而在市场投资者情绪处于低落时，保守型策略往往会吸引投资者的关注，上市公司如何运用超募资金就成为风向标，上市公司为迎合投资者和潜在投资者的情绪，将超募资金用于补充流动资金或偿还银行贷款，甚至有些公司将资金用于高息理财，公司高管情愿放弃那些不被投资者看好的行业或项目，即使项目净现值为正也在所不惜，造成事实上的投资不足现象的产生。

根据以上分析提出如下假设：

假设2：市场投资者情绪高涨时，IPO超募融资与投资过度显著相关。

假设3：市场投资者情绪低落时，IPO超募融资与投资不足显著相关。

（二）管理层过度自信与企业超募投资的非效率性

传统控制理论认为，公司高管的理性决策与完善的市场机制是分不开的，但是，在现实的资本市场中，市场无法保持足够的透明度，且市场参与主体也难以完全保持理性。企业高管作为公司做大投融资行为的决策者，往往存在过度自信，这无疑会导致其做出非效率性的决策，即表现为过度投资或投资不足两种。从超募资金的形成和使用情况看，公司IPO超募资金无明确的用途，属于IPO融资的"自由现金流"，如何选择合适的投资项目需要发挥高管的智慧和担当。但有一点是清楚的，那就是超募资金的使用对公司高管无制度约束，高管对超募资金的使用往往表现出保守的态度，因为管理层不愿承担投资失误的责任，避免影响公司价值和股价走势，从而受到公司股东和董事的压力。公司高管在进行投资方案决策时，会受到自身的情绪和利益等因素的制约，过度相信自己的判断而放弃净现值为正的项目，甚至情愿把超募资金用于偿还借款，而放弃自己不认可的项目，导致企业的投资效率低下。

根据上述理论分析，提出如下假设：

假设4：上市公司管理层过度自信导致超募融资的投资不足。

三、模型建立及变量说明

（一）投资者情绪对IPO超募与企业非效率投资的调节作用

对于投资者情绪的衡量，本书将托宾Q指标进行分解，以拟合后的残差作为投资者情绪。

构建回归模型如下：

$$Tobinq = \mu + \beta + \alpha_1 \times ROE + \alpha_2 \times Lev + \alpha_3 \times Growth + \alpha_4 \times YY + \alpha_5 \times dd \quad (6.1)$$

其中，相关变量如表 6 – 1 所示。

表 6 – 1   计算投资者情绪的相关变量定义

变量符号	变量名称	计算方法与说明
Tobinq	托宾 Q	总市值除以总资产
ROE	净资产收益率	净利润除以净资产
Lev	资产负债率	总负债除以总资产
Growth	营业收入增长率	当年营业收入减去上年营业收入后除以上年营业收入
YY	所在年份	年份控制变量
dd	所在行业	行业控制变量

在此基础上，并且依据前文理论分析和研究假设，本书建立以下模型进行回归分析。

针对假设 1，构建回归模型（6.2）：

$$\begin{aligned} InvestEff = {} & \mu + \beta + \alpha_1 \times OFAsset + \alpha_2 \times Sentiur + \alpha_3 \times Size + \alpha_4 \times Lev \\ & + \alpha_5 \times ROA + \alpha_6 \times TAR + \alpha_7 \times OCF + \alpha_8 \times Share \\ & + \alpha_9 \times Age + \alpha_{10} \times YY + \alpha_{11} \times dd \end{aligned} \quad (6.2)$$

针对假设 2，构建回归模型（6.3）：

$$\begin{aligned} OverInvest = {} & \mu + \beta + \alpha_1 \times OFAsset + \alpha_2 \times Size + \alpha_3 \times Lev + \alpha_4 \times ROA \\ & + \alpha_5 \times TAR + \alpha_6 \times OCF + \alpha_7 \times Share + \alpha_8 \times Age \\ & + \alpha_9 \times YY + \alpha_{10} \times dd\,[\,Senti > 0\,] \end{aligned} \quad (6.3)$$

针对假设 3，构建回归模型（6.4）：

$$\begin{aligned} OverInvest = {} & \mu + \beta + \alpha_1 \times OFAsset + \alpha_2 \times Size + \alpha_3 \times Lev + \alpha_4 \times ROA \\ & + \alpha_5 \times TAR + \alpha_6 \times OCF + \alpha_7 \times Share + \alpha_8 \times Age \\ & + \alpha_9 \times YY + \alpha_{10} \times dd\,[\,Senti < 0\,] \end{aligned} \quad (6.4)$$

其中，相关变量如表 6 – 2 所示。

表 6 - 2 相关变量定义

变量符号	变量名称	计算方法与说明
InvestEff	非效率投资	根据理查森（2006）方法估算的残差的绝对值
OverInvest	投资过度	根据理查森（2006）方法估算的大于 0 的残差
UnderInvest	投资不足	根据理查森（2006）方法估算的小于 0 的残差
OFAsset	实募资金比率	实际募集资金除以招股前净资产
Senti	投资者情绪	将托宾 Q 值与净资产收益率、资产负债比和主营业务收入增长率回归，控制年度和行业之后，拟合后所得到的残差
Sentiur	情绪高涨还是低落（虚拟变量）	Senti 大于零时，情绪高涨，Sentiur 为 1；Senti 小于零时，情绪低落，Sentiur 为 0
Size	企业规模	总资产的自然对数
Lev	资产负债率	总负债除以总资产
ROA	总资产收益率	净利润除以总资产
Age	企业年龄	处理年份减去企业成立年份
TAR	总资产周转率	营业收入除以总资产
OCF	经营活动现金流	经营活动产生的现金流量净额除以总资产
Share	股权制衡度	第二大股东至第十大股东持股比例的平方和
YY	所在年份	年份控制变量
dd	所在行业	行业控制变量

（二）管理层过度自信对 IPO 超募企业投资效率的作用

本书采用如下方法对管理层的过度自信进行衡量：将财务报告的种类分为乐观预期（略增、扭亏、续盈、预增）和悲观预期（略减、首亏、续亏、预减）；将 IPO 超募企业作为样本，找出第三季度的业绩预告，如果是乐观预期（扭亏、续盈、略增、预增）但是实际业绩没有达到预计的水平，就将其定义为过度自信管理层。

在此基础上，并且依据前文理论分析和研究假设，建立以下模型进行回归分析。

针对假设 4，构建回归模型（6.5）：

$$\text{InvestEff} = \mu + \beta + \alpha_1 \times \text{Oconfidence} + \alpha_2 \times \text{Size} + \alpha_3 \times \text{Lev} + \alpha_4 \times \text{ROA}$$

$$+ \alpha_5 \times \text{TAR} + \alpha_6 \times \text{OCF} + \alpha_7 \times \text{Share} + \alpha_8 \times \text{Age}$$

$$+ \alpha_9 \times YY + \alpha_{10} \times dd + \alpha_{11} \times Ofsum \tag{6.5}$$

为对比管理层过度自信和投资效率的关系，建立对照模型（6.6）和模型（6.7）。

$$OverInvest = \mu + \beta + \alpha_1 \times Oconfidence + \alpha_2 \times Size + \alpha_3 \times Lev + \alpha_4 \times ROA$$
$$+ \alpha_5 \times TAR + \alpha_6 \times OCF + \alpha_7 \times Share + \alpha_8 \times Age$$
$$+ \alpha_9 \times YY + \alpha_{10} \times dd + \alpha_{11} \times Ofsum \tag{6.6}$$

$$UnderInvest = \mu + \beta + \alpha_1 \times Oconfidence + \alpha_2 \times Size + \alpha_3 \times Lev + \alpha_4 \times ROA$$
$$+ \alpha_5 \times TAR + \alpha_6 \times OCF + \alpha_7 \times Share + \alpha_8 \times Age$$
$$+ \alpha_9 \times YY + \alpha_{10} \times dd + \alpha_{11} \times Ofsum \tag{6.7}$$

补充的变量如表 6-3 所示。

表 6-3　　　　　　　　　　　　补充变量定义

变量符号	变量名称	计算方法与说明
Oconfidence	管理层过度自信	报告类型为乐观预期（略增、扭亏、续盈、预增），但是实际报告类型与预期不一致则管理层为过度自信，取 1，否则为 0
Ofsum	超募程度	超募额的自然对数

第三节　实证结果分析

一、投资者情绪对 IPO 超募与企业非效率投资的调节作用

（一）投资者情绪预测回归结果

本书采取分解法，将托宾 Q 指标进行分解，即将净资产收益率、资产负债率、主营业务收入增长率与托宾 Q 进行回归，控制年度变量和行业变量后，以

拟合后得到的残差衡量投资者情绪。预测结果如表 6 – 4 所示。

表 6 – 4　　　　　　　　　投资者情绪的预测结果

变量	ROE	Lev	Growth	N	R^2 – Adjust
系数	4. 5930 ***	– 3. 6321 ***	0. 8374 ***	2591	0. 4671
t 值	(12. 94)	(– 24. 61)	(10. 43)		

注：*** 表示在 1% 的水平上显著。

从以上结果可知，托宾 Q 值与净资产收益率、资产负债率和主营业务收入增长率显著相关，说明托宾 Q 当中确实存在以公司基本面衡量的理性价值部分，将之剔除后得到的残差，可以正确和恰当的反映公司股票误定价的部分，即投资者情绪。

（二）投资者情绪对 IPO 超募与企业非效率投资的调节作用

1. 描述性统计

因为在不同类型的投资者情绪作用下，IPO 超募对企业投资效率产生不同表现的影响。因此，在对总体样本的投资效率进行描述性统计后，将样本分成情绪高涨和情绪低落两组，分别进行描述性统计，如表 6 – 5 所示。

表 6 – 5　　　　　　　　　　描述性统计

变量	N	极小值	极大值	均值	标准差
InvestEff	2 591	0. 0000	0. 2384	0. 0415	0. 0348
OFAsset	2 591	0. 5127	7. 2890	2. 8490	1. 3358
Senti	2 591	– 2. 1337	6. 9702	0. 0000	1. 0813
Size	2 591	19. 4910	23. 2022	2. 8490	0. 6102
Lev	2 591	0. 0465	1. 0444	0. 2373	0. 1528
ROA	2 591	– 0. 2182	0. 2446	0. 0574	0. 0412
TAR	2 591	0. 0550	2. 6476	0. 5419	0. 3215
OCF	2 591	– 0. 2181	0. 3513	0. 0300	0. 0716
Share	2 591	0. 0001	0. 1141	0. 0317	0. 0261
Age	2 591	1	30	10. 0737	4. 9322

首先，对总体样本的非效率投资、实募资金比率、投资者情绪虚拟变量以及其他相关变量进行描述性统计分析。非效率投资指标反映出投资效率低下的总体程度，其最大幅度为 0.2384，均值 0.0415 比较靠近最小值 0，说明较大幅度的投资效率低下主要集中出现在部分样本当中，需要分情况进一步分析；实际募集资金比率最大值达 7.2890，显示出严重的超募现象，而均值 2.8490 也突出了我国中小上市公司超募现象的严重性和普遍性；投资者情绪最小值为 -2.1337，最大值为 6.9702，说明情绪高涨和低落并存，出现的最大高涨情绪更为剧烈，而均值为 0.0000，说明总体分布较为平均，即投资者情绪普遍存在。

其次，在总体描述性分析之后，分别对情绪高涨和情绪低落两组进行描述性统计。从表6-6和表6-7可知，情绪最为高涨时达 6.9702，平均为 0.9411，引起的过度投资最大值为 0.2384，平均值为 0.0546；情绪最为低落时为 -2.1337，平均为 -0.6392，引起的投资不足最大值为 0.1616，平均值为 0.0368。可见，总体而言，我国创业板和中小板市场上，情绪的高涨和低落、投资的过度和不足普遍存在，相比之下，由于多以中小企业为主，风险性和收益性都比较高，投资者情绪倾向于高涨，引起投资过度的情况较多，而低落的情绪及其引发的投资不足现象相对来说较少。

表6-6   **投资者情绪高涨时的描述性统计**

Senti > 0 时	N	极小值	极大值	均值	标准差
OverInvest	419	0.0003	0.2384	0.0546	0.0496
OFAsset	1 048	0.5127	7.2890	2.8151	1.3402
Senti	1 048	0.0001	6.9702	0.9411	1.0690
Size	1 048	19.4910	22.8986	20.9002	0.6174
Lev	1 048	0.0465	0.8864	0.2430	0.1579
ROA	1 048	-0.2182	0.2446	0.0611	0.0518
TAR	1 048	0.0550	2.6476	0.5141	0.3017
OCF	1 048	-0.2181	0.3513	0.0332	0.0772
Share	1 048	0.0001	0.1141	0.0322	0.0269
Age	1 048	1	27	10.1069	4.9515

注：Senti > 0 表示投资者情绪高涨。

表 6 −7 投资者情绪低落时的描述性统计

Senti < 0 时	N	极小值	极大值	均值	标准差
UnderInvest	976	0.0004	0.1616	0.0368	0.0238
OFAsset	1 543	0.5127	7.2890	2.8720	1.3327
Senti	1 543	− 2.1337	− 0.0004	− 0.6392	0.4211
Size	1 543	19.5742	23.2022	21.1337	0.5870
Lev	1 543	0.0465	1.0444	0.2335	0.1492
ROA	1 543	− 0.2182	0.2423	0.0549	0.0317
TAR	1 543	0.0849	2.6476	0.5608	0.3331
OCF	1 543	− 0.2181	0.3278	0.0278	0.0675
Share	1 543	0.0001	0.1141	0.0314	0.0255
Age	1 543	1	30	10.0512	4.9204

注：Senti < 0 表示投资者情绪低落。

2. 相关性分析

为初步判断所提出的假设以及所构建的模型的合理性，对各变量之间的相关关系进行相关检验和分析，如表 6 − 8 ~ 表 6 − 10 所示。

表 6 −8 相关性分析

variables	InvestEff	OFAsset	Sentiur	Size	Lev	ROA	TAR	OCF	Share
OFAsset	0.1354 ***								
Sentiur	0.0519 ***	− 0.0209							
Size	− 0.0248	− 0.0141	− 0.1878 ***						
Lev	− 0.0451 **	− 0.3329 ***	0.0306	0.4970 ***					
ROA	− 0.0080	0.0435 **	0.0738 ***	0.0285	− 0.3468 ***				
TAR	− 0.0899 ***	− 0.2560 ***	− 0.0713 ***	0.3167 ***	0.3747 ***	0.0784 ***			
OCF	0.0453 **	0.0180	0.0372 *	0.0744 ***	− 0.1639 ***	0.3619 ***	0.0081		
Share	0.0037	− 0.0021	0.0156	− 0.0196	− 0.0789 ***	0.0906 ***	− 0.0018	0.0383 *	
Age	− 0.0529 ***	− 0.1504 ***	0.0055	− 0.0107	0.0543 ***	− 0.0118	0.0360 *	0.0498 **	0.0387 **

注：*** 表示在 1% 的水平上显著，** 表示在 5% 的水平上显著，* 表示在 10% 的水平上显著。

表 6 - 9 投资者情绪高涨时的相关性分析

Senti > 0	OverInvest	OFAsset	Size	Lev	ROA	TAR	OCF	Share
OFAsset	0. 1229 **							
Size	− 0. 0063	0. 0552 *						
Lev	0. 0548	− 0. 2629 ***	0. 4736 ***					
ROA	− 0. 0649	0. 0401	0. 0330	− 0. 4298 ***				
TAR	− 0. 0595	− 0. 1882 ***	0. 2943 ***	0. 3630 ***	0. 0864 ***			
OCF	0. 0103	0. 0369	0. 0584 *	− 0. 2371 ***	0. 4259 ***	− 0. 0090		
Share	− 0. 0779	− 0. 0290	− 0. 0233	− 0. 1094 ***	0. 1684 ***	− 0. 0641 **	0. 1090 ***	
Age	− 0. 1033 **	− 0. 1575 ***	− 0. 0918 ***	− 0. 0106	0. 0131	0. 0306	0. 0464	0. 0687 **

注：*** 表示在 1% 的水平上显著，** 表示在 5% 的水平上显著，* 表示在 10% 的水平上显著。

表 6 - 10 投资者情绪低落时的相关性分析

Senti < 0	UnderInvest	OFAsset	Size	Lev	ROA	TAR	OCF	Share
OFAsset	0. 2036 ***							
Size	− 0. 0623 *	− 0. 0712 ***						
Lev	− 0. 1568 ***	− 0. 3830 ***	0. 5412 ***					
ROA	0. 0238	0. 0536 *	0. 0574 *	− 0. 2744 ***				
TAR	− 0. 1375 ***	− 0. 3021 ***	0. 3208 ***	0. 3896 ***	0. 0892 ***			
OCF	0. 0575 *	0. 0048	0. 1030 ***	− 0. 1063 ***	0. 2901 ***	0. 0248		
Share	0. 0915 ***	0. 0177	− 0. 0123	− 0. 0568 *	0. 0025	0. 0403	− 0. 0204	
Age	− 0. 0739 *	− 0. 1454 ***	0. 0491 *	0. 1010 **	− 0. 0414	0. 0402	0. 0524 *	0. 0171

注：*** 表示在 1% 的水平上显著，** 表示在 5% 的水平上显著，* 表示在 10% 的水平上显著。

通过以上分析结果可知，总体上而言，非效率投资（InvestEff）与实募资金比率（OFAsset）、投资者情绪虚拟变量（Sentiur）、资产负债率（Lev）、总资产周转率（TAR）、经营活动现金流（OCF）、企业年龄（Age）之间存在显著的相关关系。非效率投资（InvestEff）与实募资金比率（OFAsset）和投资者情绪虚拟变量（Sentiur）均在 1% 的水平上显著相关，说明情绪的高涨还是低落显著影响非投资者效率。具体而言，在情绪高涨时，投资过度与 IPO 超募在 5% 的水平上显著相关，投资不足与 IPO 超募在 1% 的水平上显著相关，说明在不同类型的投资者情绪的影响下，IPO 超募显著引起非投资效率的不同表现形式。

3. 回归结果及分析

在前文对各变量进行描述性统计、相关性分析的基础上，本部分就投资者情绪对 IPO 超募导致非效率投资的调节作用进行多元回归分析加以验证，即在总体论证情绪高涨还是低落对投资效率的影响的基础上，对情绪高涨和情绪低落两组样本，探讨投资者情绪高涨时 IPO 超募对投资过度的影响，以及投资者情绪低落时 IPO 超募对投资不足的影响，从而得出投资者情绪在其中的调节作用。回归结果如表 6 – 11 所示。

表 6 – 11   回归结果一

变量	模型 (6.2)	模型 (6.3)	模型 (6.4)
	InvestEff	OverInvest [Senti > 0]	UnderInvest [Senti < 0]
OFAsset	0.0034 ***	0.0056 ***	0.0029 ***
	(5.96)	(2.57)	(4.88)
Sentiur	0.0028 **		
	(1.96)		
Size	−0.0005	−0.0053	−0.0002
	(−0.34)	(−1.09)	(−0.12)
Lev	0.0135 **	0.0487 **	−0.0011
	(2.05)	(2.01)	(−0.15)
ROA	−0.0284	−0.0194	−0.0314
	(−1.42)	(−0.28)	(−1.19)
TAR	−0.0085 ***	−0.0105	−0.0066 **
	(−3.49)	(−1.13)	(−2.51)
OCF	0.0338 ***	0.0406	0.0244 **
	(3.22)	(1.04)	(2.10)
Share	−0.0034	−0.1122	0.0476
	(−0.13)	(−1.14)	(1.64)
Age	0.0000	−0.0004	0.0001
	(0.03)	(−0.80)	(0.39)
常数项	0.0450	0.1528	0.0396
	(1.57)	(1.57)	(1.19)
行业、年度	控制	控制	控制

续表

变量	模型（6.2）	模型（6.3）	模型（6.4）
	InvestEff	OverInvest［Senti > 0］	UnderInvest［Senti < 0］
样本量	2 591	419	976
调整后的 R^2	0.0522	0.0339	0.1245
F 统计量	8.13	1.77	8.30
p 统计量	0.0000	0.0241	0.0000

注：*** 表示在 1% 水平上显著，** 表示在 5% 水平上显著，* 表示在 10% 水平上显著。

模型（6.2）用于检验投资者情绪高涨还是低落与非效率投资之间的关系。以虚拟变量代表投资者情绪高涨还是低落，通过回归分析，探讨投资者情绪的不同类型是否对投资效率低下产生显著影响。模型（6.2）调整后的 R^2 为 0.0522，F 统计量为 8.13，在 1% 的水平上显著，说明该模型具有良好的解释能力。

在引入投资者情绪虚拟变量的基础上，投资效率低下（InvestEff）与 IPO 超募（OFAsset）仍在 1% 的水平上显著相关，有力地支撑了前面章节中对 IPO 超募和非效率投资之间关系的分析。此外，投资者情绪虚拟变量与非效率投资显著相关，即投资者情绪的不同（Sentiur）对非效率投资（InvestEff）产生显著影响，在 1% 的水平上显著相关。回归结果表明，IPO 超募引起的投资效率低下随投资者情绪种类的不同而不同，不同类型的投资者情绪对 IPO 超募引起的非效率投资产生显著影响。由此，假设 1 得到验证。

模型（6.3）用于检验投资者情绪高涨情形下的 IPO 超募与投资过度之间的关系。通过对总体样本按投资者情绪类型进行分组，以情绪高涨组作为本模型的分析样本，分析 IPO 超募与投资过度之间的关系。模型（6.3）调整后的 R^2 为 0.0339，F 统计量为 1.77，在 5% 的水平上显著，说明该模型具有良好的解释能力。

在投资者情绪高涨的情形下，IPO 超募（OFAsset）导致了投资过度（Over-Invest）的发生，二者在 1% 的水平上显著相关。回归结果表明，投资者情绪高涨时，IPO 超募显著引起了投资过度，高涨的投资者情绪使 IPO 超募对投资者效率低下的影响更加明确，表现在投资过度上。由此，假设 2 得到验证。

模型（6.4）用于检验投资者情绪低落情形下的 IPO 超募与投资不足之间的

关系。在对总体样本按投资者情绪类型进行分组后，选择情绪低落组作为本模型的分析样本，分析 IPO 超募与投资不足之间的关系。模型（6.4）调整后的 R^2 为 0.1245，F 统计量为 8.30，在 1% 的水平上显著，说明该模型具有良好的解释能力。

在投资者情绪低落的情形下，IPO 超募指标（OFAsset）导致了投资过度（UnderInvest），在 1% 的水平上显著相关。回归结果表明，投资者情绪低落时，IPO 超募显著引起了投资不足，低落的投资者情绪使 IPO 超募对投资者效率低下的影响具体化，体现在投资不足上。由此，假设 3 得到验证。

二、管理层过度自信对 IPO 超募企业投资效率的作用

（一）描述性统计

模型（6.5）是假设 4 的模型，模型（6.6）和模型（6.7）用于对比，因此将全部的变量一起进行描述性统计，统计结果如表 6-12 所示。

表 6-12　　　　　　　　　描述性统计

变量	N	极小值	极大值	均值	标准差
InvestEff	2 649	0.0000	0.2384	0.0415	0.0348
OverInvest	1 011	0.0003	0.2384	0.0546	0.0462
UnderInvest	1 638	0.0004	0.1616	0.0368	0.0242
Oconfidence	1 694	0	1	0.751	0.432
Size	2 649	19.49	23.20	21.04	0.610
Lev	2 649	0.0465	1.044	0.239	0.154
ROA	2 649	−0.218	0.332	0.0569	0.0425
TAR	2 649	0.0550	2.648	0.542	0.321
OCF	2 649	−0.218	0.351	0.0300	0.0721
Share	2 649	5.43e−05	0.114	0.0317	0.0260
Age	2 649	1	30	10.10	4.925
Ofsum	2 649	6.411	11.96	10.23	0.890

表6-12是对总体样本的非效率投资、管理层过度自信和其他相关变量进行描述性统计分析。非效率投资指标反映出投资效率低下的总体程度，其最大幅度为0.2384，均值0.0415比较靠近最小值0，说明较大幅度的投资效率低下主要集中出现在部分样本当中，需要分情况进一步分析；针对管理层过度自信的样本有1 694个，占总样本数2 649的63.95%，同时均值为0.751，接近极大值1，说明在IPO超募的中小企业中，管理层过度自信是一个比较普遍的现象也是一个值得关注的议题。

在2 649个样本中，过度投资有1 011个，投资不足有1 638个，比例分别是38.17%和61.83%，可见投资不足相较于投资过度更容易在IPO超募的中小企业中存在。超募程度的极小值为6.411，极大值为11.96，而均值10.23非常靠近极大值，说明IPO超募的中小企业广为存在。

（二）相关性分析

为初步判断所提出的假设以及所构建的模型的合理性，对各变量之间的相关关系进行相关检验和分析，如表6-13~表6-15所示。

表6-13　　　　　　　　　　相关性分析

variables	UnderInvest	Oconfidence	Size	Lev	ROA	TAR	OCF	Share	Age
Oconfidence	-0.0676 *								
Size	-0.0613 *	-0.0165 **							
Lev	-0.154	0.0336 **	0.491						
ROA	-0.0127 **	-0.0356 **	0.0439 **	-0.336					
TAR	-0.122	-0.0829 *	0.317	0.374	0.0810 *				
OCF	0.0498 **	0.116	0.0713 **	-0.168	0.337	0.00260 ***			
Share	0.0478 **	-0.0318 **	-0.0197 **	-0.0823 *	0.0897 *	-0.0024 ***	0.0421 **		
Age	-0.0536 *	0.211	-0.0112 **	0.0585 *	-0.0157 **	0.0369 **	0.0512 *	0.0365 **	
Ofsum	0.111	0.00140 ***	0.520	-0.147	0.0627 *	-0.0378 **	0.0297 **	-0.0110 **	-0.0781 *

注：*** 表示在1%的水平上显著，** 表示在5%的水平上显著，* 表示在10%的水平上显著。

表 6 – 14　　　　　　　　　　　　　　　　相关性分析

variables	InvestEff	Oconfidence	Size	Lev	ROA	TAR	OCF	Share	Age
Oconfidence	− 0. 0418 **								
Size	− 0. 0232 **	− 0. 0165 **							
Lev	− 0. 0478 **	0. 0336 **	0. 491						
ROA	− 0. 0111 **	− 0. 0356 **	0. 0439 **	− 0. 336					
TAR	− 0. 0908 *	− 0. 0829 *	0. 317	0. 374	0. 0810 *				
OCF	0. 0517 *	0. 116	0. 0713 *	− 0. 168	0. 337	0. 0026 ***			
Share	0. 0069 ***	− 0. 0318 **	− 0. 0197 **	− 0. 0823 *	0. 0897 *	− 0. 0024 ***	0. 0421 **		
Age	− 0. 0503 *	0. 211	− 0. 0112 **	0. 0585 *	− 0. 0157 **	0. 0369 **	0. 0512 *	0. 0365 **	
Ofsum	0. 0728 *	0. 00140 **	0. 520	− 0. 147	0. 0627 *	− 0. 0378 **	0. 0297 **	− 0. 0110 **	− 0. 0781 *

注：*** 表示在 1% 的水平上显著，** 表示在 5% 的水平上显著，* 表示在 10% 的水平上显著。

表 6 – 15　　　　　　　　　　　　　　　　相关性分析

variables	Overinvest	Oconfidence	Size	Lev	ROA	TAR	OCF	Share	Age
Oconfidence	− 0. 0292 **								
Size	− 0. 0173 **	− 0. 0165 **							
Lev	− 0. 00210 ***	0. 0336 **	0. 491						
ROA	− 0. 0131 **	− 0. 0356 **	0. 0439 **	− 0. 336					
TAR	− 0. 0966 *	− 0. 0829 *	0. 317	0. 374	0. 0810 *				
OCF	0. 0447 **	0. 116	0. 0713 **	− 0. 168	0. 337	0. 00260 ***			
Share	− 0. 0314 **	− 0. 0318 **	− 0. 0197 **	− 0. 0823 *	0. 0897 *	− 0. 00240 ***	0. 0421 **		
Age	− 0. 0716 *	0. 211	− 0. 0112 **	0. 0585 *	− 0. 0157 *	0. 0369 **	0. 0512 *	0. 0365 **	
Ofsum	0. 0603 *	0. 00140 **	0. 520	− 0. 147	0. 0627 *	− 0. 0378 **	0. 0297 **	− 0. 0110 **	− 0. 0781 *

注：*** 表示在 1% 的水平上显著，** 表示在 5% 的水平上显著，* 表示在 10% 的水平上显著。

　　非效率投资（InvestEff）、投资过度（OverInvest）和投资不足（UnderInvest）与管理层过度自信（Oconfidence）、企业规模（Size）、资产负债率（Lev）、股权制衡度（Share）、经营活动现金流（OCF）、企业年龄（Age）之间存在显著的相关关系。非效率投资（InvestEff）与管理层过度自信（Oconfidence）在 10% 的水平上显著相关，投资过度（OverInvest）和投资不足（UnderInvest）与管理层过度自信（Oconfidence）在 5% 的水平上显著相关，说明管理层过度自信较为显著地影响非投资者效率。这说明管理层过度自信在总体上对于非效率投资的影响不如分组之后的投资过度和投资不足影响效果明显。

(三) 回归结果及分析

表 6 - 16　　　　　　　　　　　回归结果二

变量	模型 (6.5) UnderInvest	模型 (6.6) InvestEff	模型 (6.7) OverInvest
Oconfidence	-0.004 ** (-2.03)	-0.003 (-0.76)	-0.004 * (-1.81)
Size	-0.005 ** (-2.15)	-0.011 ** (-2.14)	-0.006 *** (-2.59)
Lev	-0.009 (-1.26)	0.048 ** (2.38)	0.016 * (1.77)
ROA	-0.054 ** (-2.27)	0.042 (0.64)	-0.013 (-0.45)
TAR	-0.005 * (-1.80)	-0.014 ** (-2.38)	-0.009 *** (-2.97)
OCF	0.004 (0.34)	0.040 (1.42)	0.026 ** (2.16)
Share	0.040 (1.46)	-0.001 (-0.01)	0.028 (0.86)
Age	-0.000 (-0.83)	-0.001 * (-1.92)	-0.000 * (-1.68)
Ofsum	0.004 *** (3.36)	0.008 *** (2.59)	0.005 *** (3.69)
常数项	0.101 *** (2.89)	0.208 ** (2.50)	0.128 *** (3.21)
行业、年度	控制	控制	控制
样本量	1 043	651	1 694
调整后的 R^2	0.067	0.027	0.031
F 统计量	5.969	2.198	4.577
p 统计量	0.000	0.006	0.000

注： *** 表示在1%水平上显著， ** 表示在5%水平上显著， * 表示在10%水平上显著。

模型（6.5）用于检验管理层过度自信与投资不足之间的关系。以虚拟变量代表管理层是否过度自信，通过回归分析，探讨管理层存在过度自信时是否对投资效率低下产生显著影响。模型（6.6）和模型（6.7）用于对比模型（6.5）。企业规模、总资产周转率和超募程度对于三个模型都有比较强的解释力，说明投资效率受企业规模、总资产周转率和超募程度的影响比较大。模型（6.5）的调整后 R^2 为 0.067，F 统计量为 5.969，在 5% 的水平上显著；模型（6.6）的调整后 R^2 为 0.027，F 统计量为 2.198，不显著；模型（6.7）的调整后 R^2 为 0.031，F 统计量为 4.577，在 10% 的水平上显著。说明模型（6.5）和模型（6.6）与模型（6.7）相比，解释能力更佳。具体而言，假设 4 得到验证。

第四节　本 章 小 结

本章分别从两个视角，即资本市场效率视角和管理层心理特征视角，对超募资金的投资效率问题进行了研究。

首先，从资本市场效率的视角对超募资金投资效率问题进行了研究。在行为金融理论背景下，以投资者情绪（作为核心概念）、股票误定价和迎合性投资作为基本概念来描绘资本市场的效率特征，并结合有效市场理论、信息不对称理论、理性迎合理论和股权融资理论对投资者情绪的源头、形成及其作用机制进行了理论分析。在此基础上，通过实证研究，检验了投资者情绪对 IPO 超募导致投资效率低下的调节作用，得出以下结论：

1. 投资者情绪高涨时，IPO 超募导致投资过度

从前文回归结果中可知，投资者情绪高涨时，IPO 超募导致投资过度现象的发生，两者在 1% 的水平上显著相关，高涨的投资者情绪使得 IPO 超募对投资效率低下的影响更加明显，具体体现在投资过度上面。该结论体现了投资者情绪居于 IPO 超募和投资效率低下之间的内源性调节作用，与理论分析和所提出的假设相一致，即从股权融资理论（渠道）的角度上看，当公司存在外部融资约束时为减小融资难度和降低融资成本而故意迎合高涨的投资者情绪进行过度投资，从理性迎合理论（渠道）的角度上看，即便无外部融资约束，企业也会故意迎合高涨的投资者情绪，投资于被投资者看好的项目上，而忽视其真实的盈利能力，从而形成过度投资。

2. 投资者情绪低落时，IPO 超募导致投资不足

我们可从前文的回归结果发现，在投资者情绪低落时，IPO 超募导致了投资不足的出现，在 1% 的水平上具有显著相关关系，低落的投资者情绪使 IPO 超募对非效率投资的影响体现在投资不足上，表明投资者情绪对 IPO 超募导致投资效率低下的内源性调节作用，有力验证了相关理论以及所提出的假设。结合股权融资理论（渠道）可知，面对外部融资约束，在外界投资者情绪低落时，企业倾向于迎合低落的情绪，放弃净现值为正的项目，从而形成投资不足；结合理性迎合理论（渠道）来看，无外部融资约束时，企业也会故意迎合低落的投资者情绪，放弃不被投资者看好的项目，即便该项目很可能盈利，进而导致投资不足。

其次，从管理层心理特征视角对超募资金投资效率进行了研究。从前文的回归结果可发现，当管理者过度自信时，IPO 超募导致了投资不足的出现，在 5% 的水平上具有显著相关关系。由于公司 IPO 超募资金无明确的用途，如何选择合适的投资项目需要发挥高管的智慧和担当，但高管对超募资金的使用往往表现出保守的态度，在进行投资方案决策时，会受到自身的情绪和利益等因素的制约，过度相信自己的判断而放弃净现值为正的项目，甚至情愿把超募资金用于偿还借款，而放弃自己不认可的项目，导致企业的投资效率低下。

第七章
研究结论与政策建议

第一节 研究结论

本书以 2009～2012 年在中小板和创业板市场上超募融资的上市公司为样本，分析其在 2009～2014 年的投资行为及效率。重点研究这些上市公司的超募融资及其投放现状，实证分析其超募资金与投资效率之间的关系，并以相关理论知识分析为基础，针对怎样有效抑制超募融资、规范超募资金的投放以及提高我国中小上市公司超募资金的投资效率等方面提出一些建议，以期更进一步完善我国中小板和创业板上市公司 IPO 研究体系并促进多层次资本市场稳健运行。

依据上述的理论分析和实证检验，本书形成以下研究结论。

（一）中小上市公司普遍存在非效率性投资，并且超募融资规模越大，非效率性投资的现象越严重

（1）在现实资本市场中，中小上市公司存在非效率投资问题，或者投资不足，抑或投资过度；实证分析结果显示，上市公司超募融资与后期投资的非效率性呈显著的正相关关系，超募资金投资的非效率性主要体现为投资不足。

（2）中小上市公司超募融资和投资过度存在显著的正相关关系，这表明企业超募融资越多，企业的过度投资现象越严重，IPO 超募融资严重抑制了资本市场资源配置的效率，使得市场的资金偏离了正常的轨迹，流向了收益洼地。

（3）中小上市公司超募融资与投资不足呈显著的正相关关系，这表明企业超募融资规模越大，企业的投资不足现象越严重，从样本的分布情况来看，投资不足在整个投资非效率性样本中占比相对更大。对这一现象可能的解释是我国证监会和深交所对超募资金的用途做出了更为严格的限定，使得募集资金不能使用在规定之外的领域，如投资证券、创业、衍生品等，企业更加倾向于将超募资金存放于指定银行而不是进行项目投资，从而导致企业的投资不足。

（二）大股东控制能够强化超募资金对非效率投资的正向影响程度，股权集中度越大，超募资金对非效率投资的影响越强

（1）大股东控制能够强化超募资金对非效率投资的正相关关系。股权集中度越大，超募资金对非效率投资的影响越强。我国上市公司股权结构属于高度集中模式，表现为以非流通股居主导地位。上市公司的股权结构影响公司治理，大股东可以凭借持有的股份在股东大会上进行重大决策，影响董事会、经理层等各种治理机制，间接影响公司重大投融资决策，从而影响公司投资效率。由于存在第二类委托代理问题，即大股东与中小股东的利益冲突，大股东可能凭借决策控制权进行关联投资等侵害中小股东的利益，利用超募资金实施掏空上市公司的行为，或者直接的利益输送，甚至对于收益为负的项目，只要能攫取个人收益都有可能进行投资。大股东持股比例越高，控制程度越强，越有可能积极地参与投融资决策，更有条件和机会实施自利行为，使得超募资金对非效率投资的影响增强。

（2）大股东通过控制超募融资影响投资效率，且对投资效率的影响主要体现在投资过度上。大股东持股比例越高，对企业的控制权越大，越有能力和动机转移公司的超募资金到关联方，或者尽可能多地投资到能获取个人收益的项目上。在本章的实证分析中，代表超募资金的所有解释变量均显著为正，超募资金与所有代表大股东控制的变量的交乘项也显著为正，说明大股东控制会通过超募资金影响投资过度，大股东控制程度越强，超募资金对投资过度的正向影响也越大。在创业板和中小板上市的公司中，对资金的需求旺盛，急于扩张规模，加上两类委托代理问题严重，经理层和大股东都愿意运用超募资金进行投资，从而大大增加了投资过度可能性。

（3）在大股东控制背景下，超募资金对投资效率的影响受到产权性质的作用。这种作用主要体现在非国有上市公司和国有上市公司的差别上，相比而言，后者超募融资额越大，非效率投资程度越严重，即国有产权性质特征会强化超募资金对非效率投资的正相关关系。大股东控制下的中小创上市公司股东与经理层的委托代理冲突在国有产权性质中更加严重，内部人倾向于将超募资金都转移到企业规模扩张或者自利项目上去。

（4）大股东控制背景下国有产权特征会强化超募资金对投资过度的正相关关系。产权性质通过超募资金影响非效率投资，这种影响主要表现在投资过度

上。国有性质的上市公司股东与经理层的委托代理问题更加严重，经理层可以凭借公司为扩大规模发展的机会，转移超募资金攫取大量收益。国有上市公司与政府存在天然联系，政府是其大股东，可以对公司的投融资决策进行干预，而对于企业来说，肯定是以经济利益最大化为目标，但国有企业作为特殊的企业形式存在，还必须保障就业稳定、贡献税收等，积极履行社会责任，公司利用超募资金进行扩张、扩大规模，便可以达到这些社会和政治目的。因此，政府也愿意和信任经理层利用超募资金进行投资，这样一来投资过度的可能性会大大提升。

（三）投资者情绪对 IPO 超募导致的投资效率低下存在调节作用

1. 投资者情绪高涨时，IPO 超募导致投资过度

从前文回归结果中可知，投资者情绪高涨时，IPO 超募导致投资过度现象的发生，两者在 1% 的水平上显著相关，高涨的投资者情绪使得 IPO 超募对投资效率低下的影响更加明显，具体体现在投资过度上面。该结论体现了投资者情绪居于 IPO 超募和投资效率低下之间的内源性调节作用，与理论分析和所提出的假设相一致，即从股权融资理论（渠道）的角度上看，当公司存在外部融资约束时为减小融资难度和降低融资成本而故意迎合高涨的投资者情绪进行过度投资，从理性迎合理论（渠道）的角度上看，即便无外部融资约束，企业也会故意迎合高涨的投资者情绪，投资于被投资者看好的项目上，而忽视其真实的盈利能力，从而形成过度投资。

2. 投资者情绪低落时，IPO 超募导致投资不足

从上述回归结果中可知，当投资者情绪处于低落状态时，IPO 超募导致了投资不足的出现，在 1% 的水平上具有显著相关关系，低落的投资者情绪使 IPO 超募对非效率投资的影响体现在投资不足上，表明投资者情绪对 IPO 超募导致投资效率低下的内源性调节作用，有力验证了相关理论以及所提出的假设。结合股权融资理论（渠道）可知，面对外部融资约束，在外界投资者情绪低落时，企业倾向于迎合低落的情绪，放弃净现值为正的项目，从而形成投资不足；结合理性迎合理论（渠道）来看，无外部融资约束时，企业也会故意迎合低落的投资者情绪，放弃不被投资者看好的项目，即便该项目很可能盈利，进而导致投资不足。

第二节　政 策 建 议

通过理论研究及实证分析，我们发现，中小企业上市公司资金超募的一个重要经济后果是导致企业管理层的非效率投资行为，IPO超募融资的投资效率低于市场预期。在当前中小板和创业板IPO超募现象严重，超募资金闲置率较高时，为更好地维护投资者利益，保护中小企业健康发展，我们应进一步规范超募资金的管理，提高超募资金的使用效率。虽然就中小上市公司超募资金的使用相关交易所已经出台了相关规定，且规范内容较为详细，但以"事后"补救为主的规范使得监管并没有从根本和源头上清除诱发超募的土壤。据此，本书提出以下政策建议。

（一）强化市场监管，加大发行企业和承销商的超募资金违规使用成本

在企业IPO定价过程中，上市保荐机构或承销商往往与发行公司之间存在利益牵连，因为承销商的承销费用很大程度上取决于公司融资总额，即IPO股价越高，则促销费用就可能越多，且承销费用往往是按照融资金额的超额累进方式确定，这使得从承销机构的角度，IPO定价与承销商的收益正相关。可见，在治理IPO超募与提升超募资金投资效率过程中，应同时明确发行公司和承销商的经济责任，以达到治理效果。

针对上市公司超募资金的现实管理办法，监管办法中已明确了三方监管的要求和责任，但三方在其中的作用应有所区别，发行公司无疑对资金的使用起支配作用，而银行方面仅是对超募资金进行安全管理；保荐机构如何发挥其专业作用，对超募资金的投放效率至关重要，而现实中保荐机构基本采用放任的态度，发行公司通过内部决策程序告知即可，并非深度参与决策，保荐机构的后期专业辅导和监督作用并未能有效发挥，甚至对超募资金的违规使用也是听之任之。

作为发行公司应健全治理结构和决策程序，对超募资金的投放，应严格按照投资决策程序，提供可行性报告，揭示项目投资的风险和收益，如属于关联

方交易，应实行董事回避制度；对保荐机构来说，应将超募资金的使用作为上市保荐的延续，对投资项目决策提供专业的服务，有效控制项目投资的风险水平；作为市场监管机构，对违规使用超募资金的企业，应实行严厉的追责制度，提升发行公司直接责任人的违规成本，对保荐机构也应附带实施必要的惩戒措施，进一步完善股权超募资金使用的制度化和规范化。

（二）上市公司股权再融资与超募资金的投资效率挂钩

影响 IPO 公司的股权再融资条件较多，但有两个条件值得我们思考，一是时间间隔条件，上市后增发股份要求的时间间隔为 12 个月，而配股要求的时间间隔为一个完整会计年度，即上市公司上市 1 年后即可进行股权再融资；二是上市公司的盈利能力要求，增发要求公司最近 3 个会计年度扣除非经常性损益后的净资产收益率平均不低于 6%，若低于 6%，则发行当年加权净资产收益率应不低于发行前一年的水平，配股要求公司最近 3 个会计年度除非经常性损益后的净资产收益率平均不低于 6%。根据上述条件，对于超募上市公司而言，一年后如果再融资，可能存在 IPO 超募资金尚未使用完的现象。特别是股权再融资的盈利性条件，并未能考虑到 IPO 资金投放的效率问题，往往 IPO 募投项目的投资效率需要一个时间跨度才能体现出来，中小公司 IPO 后的业绩普遍存在高开低走的现象，很多公司未来能达到再融资的业绩条件，使用盈余管理进行利润的挑战也较为普遍。

特别地，很多中小上市公司 IPO 超募资金的使用时间较长，再融资无法体现出超募资金的投放效率，再融资的业绩条件必须考虑 IPO 资金的效率，而超募资金也是 IPO 融资的一部分，只有当全部 IPO 融资均投放完毕，投资的效率能有效反映出来，上市公司才可进行股权再融资。可将上市公司 IPO 全部融资额的投资绩效作为未来再融资的一个条件，倒逼上市公司合理有效地使用超募资金，提升超募资金的投资效率。

（三）抑制上市公司 IPO 超募融资现象，实现资本市场的公平性

通过上述分析可见，IPO 超募融资直接导致资本的闲置和后期投资的非效率，且从资本市场资源配置效率来看，无疑将会影响市场资本的整体收益率水平，而对场外众多非上市公司来说，也在存在公平性的问题。我们认为，有效

控制 IPO 超募，能从市场资本的源头防范上市公司后期超募投资的非效率性。

老股转让是一个控制超募融资的有效方法。老股转让是指发行人在首次公开发行新股时，公司原有股东可将其持有的股份以公开发行方式一并向投资者发售的行为，该项措施有利于缓释上市公司 IPO 超募问题，增加可流通股份数量，进一步理顺发行、定价、配售等环节的运行机制。尽管中国证监会曾在 2013 年发布《首次公开发行股票时公司股东公开发售股份暂行规定》，将老股转让提到台面上，但这些年并未有实际操作，原因是多方面的。事实上，老股转让是境外主要市场的成熟做法。例如，阿里巴巴 2014 年在美国纽约证券交易所 IPO 时，共发行股份 3.68 亿股，其中老股东就献售 1.97 亿股，本次 IPO 共融资 250 亿美元，而阿里公司实际融资额仅为 116 亿美元，其余 134 亿美元进入股东口袋。可见，老股转让方法有助于化解公司超募融资问题，值得我国资本市场推广。

推动市场合理区间定价。我国资本市场不具备完全的市场化定价环境，历史上采取过市盈率限制定价模式，但 2009 年创业板开版，带来了所谓的 IPO 市场化询价方式，也给发行人带来了巨额的超募资金。2014 年 IPO 重启时，发行市盈率被限制在 23 倍以内，超募资金基本上受到了抑制。但 2019 年 7 月科创板试点时，发行市盈率又被放开，狂热的市场正在推高该板块股价的上扬，IPO 超募又回到了股民的视野之中，如何将定价纳入到制度化和市场化的轨道，也引起业界的广泛探讨。有一点值得提出的是，将保荐机构作为战略投资者参与公司新股的配售，就如同美国市场所谓的"绿鞋机制"，按照新股发行价对保荐人配售一定比例的股份，并锁定一定期限，毫无疑问将有助于 IPO 发行的合理定价。

第三节　研究局限及后续研究方向

一、研究的局限性

由于笔者的研究水平有限及研究数据的限制，本书可能存在以下研究局限，需要在以后的研究中更进一步地完善处理。

第一，分析模型运用的局限性。本书在分析中小上市公司投资效率是否合理的问题上，采用了理查森的残差度量模型，而此模型对使用环境有严格的要求，将会对研究结论有一定的影响。前文已述及，中小上市公司的投资决策及行为与大型上市公司存在着一定的差异性，除此之外，理查森度量残差的模型更适用于发达经济体的金融环境，尽管目前学术界也广泛使用此模型对我国上市公司的投资效率进行研究分析，但这些分析大都应用于国内主板市场，该市场相较于创业板市场公司数量更多、市场规模更大、公司治理也更加完善。理查森的残差度量模型在分析我国中小上市公司投资效率适应性方面尚待时间的进一步验证，我们将会持续关注中小上市公司的投资效率水平。

第二，实证研究对控制变量的选择尚可进一步优化。在设计超募资金对中小上市公司非效率投资的影响时，本书选择的控制变量存在部分控制变量回归系数不显著的情况，由于企业非效率投资是多因素综合作用的结果，在选择时也可能存在遗漏变量的情况。另外，超募融资和投资效率也可能在很大程度上受到宏观政策因素的影响，本书在实证分析时，对可能影响研究结论的宏观经济因素考虑的不足，特别是监管部门有针对性的政策法规颁布，无疑将对超募资金和投资效率产生直接的影响，书中未能选取合适的宏观变量，也是本书研究的一个局限。

二、后续研究方向

在中国现实资本市场中，上市公司 IPO 超募融资及其投资效率一直广受投资者的关注，该主题仍有很强的理论研究价值和现实研究意义，特别是刚刚兴起的科创板市场，为超募融资研究注入了活力，我们未来可从以下几个方面开展进一步研究：

第一，持续关注资本市场超募融资及其经济后果。在我国目前资本市场环境下，有两点值得我们关注和进一步研究：一是 2009～2012 年 IPO 超募现象的经济后果分析，可将投资绩效延续至 2017 年，分析超募资金的投资效率问题；二是关注超募融资的市场环境和政策背景的变化，特别是注册制改革的试点可能对未来 IPO 超募的影响，探讨适合中国资本市场的 IPO 定价机制，为监管部门的政策调整提供参考。

第二，针对上述提及的研究局限性，我们在未来的研究中，将致力于完善超募资金投资效率的评价体系，考虑中小上市公司的特征和治理特点，探讨如何优化控制变量的选择，特别是应考虑有哪些宏观经济影响因素。

参考文献

［1］陈德球、李思飞、钟昀珈：《政府质量、投资与资本配置效率》，载于《世界经济》2012 年第 3 期。

［2］陈欢、张庆：《我国 IPO 制度现状及改革探讨——以深圳海普瑞公司为例》，载于《财会通讯》2013 年第 7 期。

［3］陈吕栋：《我国 A 股 IPO 抑价问题的研究》，南京航空航天大学硕士学位论文，2010 年。

［4］陈胜蓝、焦守滨、杨子娇、文彩虹：《上市公司超募资金使用与投资者保护——基于科伦药业的案例研究》，载于《管理案例研究与评论》2011 年第 8 期。

［5］陈艳：《宏观经济环境、投资机会与公司投资效率》，载于《宏观经济研究》2013 年第 8 期。

［6］陈玉罡、窦倩、柳杭：《中小板上市公司 IPO：并购扩张还是内部成长？》，载于《证券市场导报》2012 年第 4 期。

［7］陈运森、谢德仁：《网络位置、独立董事治理与投资效率》，载于《管理世界》2011 年第 7 期。

［8］程六兵、刘峰：《银行监管与信贷歧视——从会计稳健性的视角》，载于《会计研究》2013 年第 1 期。

［9］方军雄、方芳：《IPO 超募与资金滥用研究》，载于《证券市场导报》2011 年第 9 期。

［10］方军雄、方芳：《新股发行制度市场化改革与融资超募现象》，载于《证券市场导报》2012 年第 12 期。

［11］方军雄：《所有制、市场化进程与资本配置效率》，载于《管理世界》2007 年第 11 期。

［12］冯魏：《内部现金流和企业投资》，载于《经济科学》1999 年第 1 期。

[13] 高枝梅：《超募资金对投资行为、投资绩效的影响研究》，安徽大学硕士学位论文，2013 年。

[14] 龚立新、李四海：《双重委托代理下公司治理与内部控制的优化整合》，载于《华东经济管理》2009 年第 5 期。

[15] 龚靓：《中小上市公司迎合性投资及其效率研究》，中南财经政法大学硕士学位论文，2013 年。

[16] 何金耿、丁加华：《上市公司投资决策行为的实证分析》，载于《证券市场导报》2001 年第 9 期。

[17] 胡敏：《国内企业海外并购融资方式研究》，载于《财经界》（学术版）2015 年第 7 期。

[18] 黄琴、马俊杰：《"超募"提升了创业板公司业绩吗》，载于《财会月刊》2011 年第 32 期。

[19] 姜国华、饶品贵：《宏观经济政策与微观企业行为——拓展会计与财务研究新领域》，载于《会计研究》2011 年第 3 期。

[20] 姜英兵、严婷：《制度环境对会计准则执行的影响研究》，载于《会计研究》2012 年第 4 期。

[21] 蒋欣、李全：《创业板超募现象解析》，载于《中国金融》2010 年第 2 期。

[22] 姜雁鸿：《创业板上市公司超募现象对投资效率影响的实证研究》，哈尔滨工业大学硕士学位论文，2015 年。

[23] 解维敏、方红星：《金融发展、融资约束与企业研发投入》，载于《金融研究》2011 年第 5 期。

[24] 李春帆：《创业板超募资金使用效果研究》，石河子大学硕士学位论文，2016 年。

[25] 李春花、吴凌飞：《基于内部控制视角的企业非效率投资行为研究》，载于《财政监督》2014 年第 14 期。

[26] 李广子、刘力：《债务融资成本与民营信贷歧视》，载于《金融研究》2009 年第 12 期。

[27] 李青原：《会计信息质量、审计监督与公司投资效率——来自我国上市公司的经验证据》，载于《审计研究》2009 年第 4 期。

［28］李万福、林斌、宋璐：《内部控制在公司投资中的角色：效率促进还是抑制》，载于《管理世界》2011年第2期。

［29］李晓龙、易顺：《机构热度、IPO超募和股价信息含量》，载于《贵州财经大学学报》2014年第1期。

［30］李延喜、陈克兢、刘伶等：《外部治理环境、行业管制与过度投资》，载于《管理科学》2013年第1期。

［31］李焰、秦义虎、张肖飞：《企业产权、管理者背景特征与投资效率》，载于《管理世界》2011年第1期。

［32］李焰：《企业产权、管理者背景特征与投资效率》，载于《管理世界》2011年第1期。

［33］李云鹤、李湛：《管理者代理行为、公司过度投资与公司治理——基于企业生命周期视角的实证研究》，载于《管理评论》2012年第7期。

［34］李云鹤、李湛、唐松莲：《企业生命周期、公司治理与公司资本配置效率》，载于《南开管理评论》2011年第6期。

［35］连玉君、程建：《投资—现金流敏感性：融资约束还是代理成本?》，载于《财经研究》2007年第2期。

［36］刘冈兰：《超募资金、公司治理与企业并购——基于我国创业板上市公司的经验证据》，北京交通大学硕士学位论文，2015年。

［37］刘鹏：《上市公司资本结构调整速度的影响因素研究》，东北师范大学硕士学位论文，2015年。

［38］刘瑞明、石磊：《国有企业的双重效率损失与经济增长》，载于《经济研究》2010年第1期。

［39］刘晓飞：《上市公司IPO超募与投资不足的关系研究——基于我国创业板市场的经验证据》，载于《上海金融学院学报》2014年第8期。

［40］卢峰、姚洋：《金融压抑下的法治、金融发展和经济增长》，载于《中国社会科学》2004年第1期。

［41］陆正飞、祝继高、樊铮：《银根紧缩、信贷歧视与民营上市公司投资者利益损失》，载于《金融研究》2009年第8期。

［42］马帅：《股票IPO定价策略研究》，吉林大学硕士学位论文，2010年。

［43］毛瑞炜：《超募资金使用建议：基于对创业板超募现象的分析》，载于

《中国经贸导刊》2010 年第 3 期。

[44] 倪鹏飞、刘伟、黄斯赫:《证券市场、资本空间配置与区域经济协发展——基于空间经济学的研究视角》,载于《经济研究》2014 年第 5 期。

[45] 潘宗英:《我国主板和创业板上市公司财务状况比较研究》,河南大学硕士学位论文,2011 年。

[46] 唐雪松、周晓苏、马如静:《上市公司过度投资行为及其制约机制的实证研究》,载于《会计研究》2007 年第 7 期。

[47] 童盼、陆正飞:《负债融资、负债来源与企业投资行为》,载于《经济研究》2005 年第 5 期。

[48] 万伟、曾勇、李强:《国资监管改革、次贷危机与企业投资效率的动态变化》,载于《投资研究》2013 年第 9 期。

[49] 王佳佳:《实施 EVA 对国有企业过度投资的影响研究》,贵州财经大学硕士学位论文,2016 年。

[50] 王娟:《上市公司投资效率评价与影响因素研究》,湖南大学硕士学位论文,2013 年。

[51] 王善平、李志军:《银行持股、投资效率与公司债务融资》,载于《金融研究》2011 年第 5 期。

[52] 王霞、张敏、于富生:《管理者过度自信与企业投资行为异化——来自我国证券市场的经验证据》,载于《南开管理评论》2008 年第 2 期。

[53] 魏明海、柳建华:《国企分红、治理因素与过度投资》,载于《管理世界》2007 年第 4 期。

[54] 夏冠军:《投资者情绪、经理激励契约与企业投资》,载于《投资研究》2012 年第 3 期。

[55] 杨华军、胡奕明:《制度环境与自由现金流的过度投资》,载于《管理世界》2007 年第 9 期。

[56] 杨继伟:《股价信息含量与资本投资效率》,载于《南开管理评论》2011 年第 5 期。

[57] 易宪容、王国刚:《美国次贷危机的流动性传导机制的金融分析》,载于《金融研究》2010 年第 5 期。

[58] 应千伟、罗党论:《授信额度与投资效率》,载于《金融研究》2012

年第 5 期。

[59] 俞红海、徐龙炳、陈百助：《终极控股股东控制权与自由现金流过度投资》，载于《经济研究》2010 年第 8 期。

[60] 喻坤、李治国、张晓蓉等：《企业投资效率之谜：融资约束假说与货币政策冲击》，载于《经济研究》2014 年第 5 期。

[61] 张韩：《中小上市公司超募资金投资行为的分布特征》，载于《财务与金融》2017 年第 2 期。

[62] 张龙平、王军只、张军：《内部控制鉴证对会计盈余质量的影响研究——基于沪市 A 股公司的经验证据》，载于《审计研究》2010 年第 2 期。

[63] 张强、张宝：《机构投资者情绪、承销商声誉与融资超募——来自中国创业板市场的证据》，载于《经济经纬》2012 年第 2 期。

[64] 张义文：《会计稳健性对企业投资行为的影响》，山东财经大学硕士学位论文，2013 年。

[65] 张志宏、龚靓：《创业板上市公司超募资金迎合性投资行为研究——基于市场非有效的角度》，载于《金融经济学研究》2013 年第 3 期。

[66] 张志宏、徐志立、李倩：《IPO 股权融资超募与投资现金流敏感性研究》，载于《中南财经政法大学学报》2013 年第 2 期。

[67] 赵璐、周晓晨：《创业板上市公司超募融资及资金使用研究》，载于《经济与管理》2014 年第 3 期。

[68] 郑冠群，宋林：《IPO 超募对我国上市公司非效率投资的影响——来自创业板的经验证据》，载于《西安交通大学学报（社会科学版）》2015 年第 11 期。

[69] 郑建明、夏楸：《媒体报道、融资约束与投资效率》，载于《财政研究》2014 年第 9 期。

[70] 郑江淮、何旭强、王华：《上市公司投资的融资约束：从股权结构角度的实证分析》，载于《金融研究》2001 年 11 期。

[71] 周婷：《创业板超募监管法律制度研究》，载于《中国政法大学学报》2011 年第 1 期。

[72] 周晓晨：《创业板上市公司 IPO 超募融资与投资效率研究》，重庆工商大学硕士学位论文，2014 年。

［73］Allen F. , J. Qian and M. J. Qian. Law, Finance, and Economic Growth in China. *Journal of Financial Economics*, 2005, 77 (2).

［74］Almeida H. , M. Campello, and M. S. Weisbach. The Cash Flow Sensitivity of Cash. *Journal of Finance*, 2004, 59 (4).

［75］Baker M. , Stein J C. and Wurgler J. When does the Market Matter? Stock Prices and the Investment of Equity Dependent Firms. *Quarterly Journal of Economics*, 2010, 118 (3).

［76］Baum C. F. , D. Schäfer, O. Talavera. The Impact of the Financial System's Structure on Firms' Financial Constraints. *Journal of International Money and Finance*, 2011, 30 (5).

［77］Berger, Phillip G. , Eliofek. Diversificationps Effect on Firm Value. *Journal of Financial Economics*, 1995 (37): 39 – 65.

［78］Bernanke B. S. , A. S. Blinder. The Federal Funds Rate and the Channels of Monetary Transmission. *American Economic Review*, 1992, 82 (7).

［79］Bertrand M. , P. Metha, S. Mullainathan. Ferreting Out Tunneling: An Application to Indian Business Groups. *Quarterly Journal of Economics*, 2002, 117 (2).

［80］Biddle G. C. , G. Hilary. Accounting Quality and Firm – Level Capital Investment. *The Accounting Review*, 2006, 81 (4).

［81］Biddle G. C. , G. Hilary, R. S. Verdi. How does Financial Reporting Quality relate to Investment Efficiency? *Journal of Accounting and Economics*, 2009, 48 (4).

［82］Campello M. , J. R. Graham, C. R. Harvey. The Real Effects of Financial Constraints: Evidence from a Financial Crisis. *Journal of Financial Economics*, 2010, 97 (5).

［83］Chen S. , Z. Sun, S. Tang, D. Wu. Government Intervention and Investment Efficiency: Evidence from China. *Journal of Corporate Finance*, 2011, 17 (3).

［84］Cheng M. , D. Dhaliwal, Y. Zhang. Does Invest ment Efficiency Improve after the Disclosure of Materialweaknesses in Internal Control over Financial Reporting. *Journal of Accounting and Economics*, 2013, 1 (1).

［85］ Duchin R. , O. Ozbas, B. A. Sensoy. Costly External Finance, Corporate Investment, and the Subprime Mort Gage Credit Crisis. *Journal of Financial Economics*, 2010, 97（6）.

［86］ Eisdorfer A. , C. Giaccotto, R. White. Capital Structure, Executive Compensation, and Investment Efficiency. *Journal of Banking and Finance*, 2013, 37（5）.

［87］ Faccio, Mara, Larry H. P. Lang, and Leslie Young. *Debt and Expropriation*, Working Paper, 2010.

［88］ Hao S. , Q. Jin, G. Zhang. Investment Growth and the Relation between Equity Value, Earnings, and Equity Book Value. *The Accounting Review*, 2011, 86（3）.

［89］ Hovakimian G. . Financial Constraints and Investment Efficiency: Internal Capital Allocation Across the Business Cycle. *Journal of Financial Intermediation*, 2011, 20（7）.

［90］ La Porta, Rafael, Florencio Lopez-de – Silanes, Andrei Shleifer, and Robert W. Vishny. Investor Protection and Corporate Valuation. *Journal of Finance*, 2002, 57（4）.

［91］ McLean R. D. , T. Zhang, M. Zhao. Why does the Law Matter? Investor Protection and its Effects on Investment, Finance, and Growth. *Journal of Finance*, 2012, 67（7）.

［92］ Miguel A, Pindado J. Determinants of Capital Structure: New Evidence from Spanish Panel Date. *Journal of Corporate Finance*, 2001（7）: 77 – 99.

［93］ Petersen M. A. . Estimating Standard Errors in Finance Panel Data Sets: Comparing Approaches. *Review of Financial Studies*, 2009, 22（5）.

［94］ Richardson S. . Over-investment of Free Cash Flow. *Review of Accounting Studies*, 2006, 11: 159 – 189.

［95］ Richardson, Scott. Over-investment of Free Cash Flow. *Review of Accounting Studies*, 2009, 11（6）.